2022

LA RENCONTRE EXTRATERRESTRE
EST POUR DEUX MILLE VINGT DEUX

Version 4
Édition couleur
Copyright © 2020, 2021, 2022 Antoll MA
ISBN : 9798542390635

Livre réalisé en LaTex™ avec TeXstudio™
Utilitaire MiKTeX™ Console
Couverture 123rf.com

THÉOPOLIS
LA CITÉ DE DIEU

LE ROCHER DE DROMON

TERRE DE LUMIÈRE

*Quelque part au-dessus de Sisteron (Alpes de Haute-Provence),
près du village de Saint-Geniez situé sur la départementale 3
en direction d'Authon, dans une haute vallée dominée par le
rocher du Dromon, plane encore le mystère de la cité perdue
de Théopolis.* Les Romains ont tracé une voie qui monte vers le
rocher pour se perdre dans le ciel. Cette voie existe encore. Vous
pouvez l'emprunter pour découvrir en rêve la cité de Dieu !

Antoll MA à Theopolis le 6 juin 2012 (665)

Bonjour a toi. Merci de t'être engagé dans la lecture de mon livre. Ce dernier est le condensé d'un message réaliste annonçant l'arrivée prochaine d'individus de dimension élevée.

Les données étaient déjà inscrites dans mon premier volume mais n'avaient pas encore reçu la confirmation que je donne maintenant.

Ce n'est pas rien en ces temps difficiles et en toutes connaissances de cause que de pouvoir déterminer une date précise de leur venue dans toute leur gloire.

En effet, l'année de leur arrivée est bien pour 2022. Cette date est déterminée par une succession de contacts variés bien préparée.

Devons-nous avoir peur de cette nouvelle ? Ne siffle-t-elle pas la fin de la partie par un arbitre ne supportant plus de voir ses règles de jeu bafouées ? Que vont devenir les joueurs ? Où sont les spectateurs ?

Joueurs, spectateurs nous le sommes tous. Une petite personne dans les milliards d'autres personnes qui composent l'humanité.

Comment des extraterrestres se permettraient-ils d'intervenir dans nos affaires et au nom de qui ?

Beaucoup attendent un sauveur en personne pour leur donner la joie d'entrer dans un royaume de lumière qu'ils croient mériter parce qu'ils ont suivi scrupuleusement prières et rituels.

Sommes-nous vraiment arrivés à l'heure de la fin des temps ? Pourquoi se fier à des écrits religieux qui semblent nous dire « allons bon on a tout le temps d'y penser, on verra bien le moment venu ». Se promener avec un livre à la main ne suffit pas. Faut-il se munir d'une véritable trompette pour effrayer celui qui doit l'être pour le prévenir d'un grand danger qui s'en vient ? C'est déjà mieux mais insuffisant pour les hommes de notre temps.

Il n'y a pas d'autres solutions que d'effrayer l'homme car il est mauvais. La saleté physique et mentale est partout riche comme pauvre, enfant comme vieux.

La réponse que je donne à cette heure est qu'il faut craindre. Craindre que le dieu auquel tu te destinais n'est pas celui qui va se présenter devant toi. Dieu des juifs, dieu des chrétiens, dieu des musulmans. Vous tous qui cherchez à le posséder et à parler en son nom prenez garde de ne pas être allé trop loin.

Je vais te donner des preuves que l'année 2022 sera une année terrible pour tous.

Bonne lecture.

*** AVERTISSEMENT ***

Ce livre proprement dit n'en est pas un. Il rassemble une série d'articles posés de manière calendaire. Il ne peut pas être assimilé à un roman, un documentaire, un essai. Rien de tout cela, car ce n'est rien d'autre qu'un message. Un message rendu horriblement court pour supporter les frais de cinq traductions. C'est pourquoi il t'est demandé de faire un gros effort pour comprendre les aboutissants des commentaires. Ce document représente une trace écrite d'un parcours initiatique inédit. Parcours qui n'est comparable avec aucun autre. Beaucoup de personnes ne peuvent supporter d'avoir à se remettre en question devant des faits prophétiques d'une solidité sans failles. Oui nous y sommes ! Les temps de la révélation arrivent. L'APO-CALYPSE se présente devant toi. Tu as bien fait de t'être saisi de ce livre pour t'informer de la présence active de la divinité qui maintenant se manifeste parmi nous. Tout le bénéfice de la vente des livres est réinvesti dans leurs promotions. Puisse tu faire partie de ces bonnes âmes qui me portent assistance pour défoncer les forces obscures. Prends commande de plusieurs livres si tu peux et distribues les à des amis, des personnes que tu considères influentes ou tout bonnement des inconnus. Merci de ton engagement assurément visible des forces de lumière.

1

Mes Premières Rencontres

Nous conviendrons ensemble qu'il est nécessaire de poser le problème et d'en préciser les parties qui y prennent part afin que tu puisses avoir une bonne compréhension intellectuelle du sujet que nous allons aborder.

Tu vas donc lire mes divers témoignages qui illustrent petit à petit une véritable trame indémontable. Désolé je ne peux pas faire autrement que de parler de moi partout. Imagine que c'est toi qui vis cette aventure, cela passera peut-être plus facilement.

Tout est parti d'un besoin émotionnel à m'isoler la nuit sous les étoiles à la recherche d'un contact avec les extraterrestres. Prendre contact avec des entités d'un autre monde ? Quelle idée étrange !

La raison était vaincue par le coeur. le corps entier voulait ce contact. Tout se passait sans calcul.

On ne parlait pas beaucoup des ovnis, des dimensions, des sorties hors du corps. Pas d'internet pour regarder des vidéos. J'étais encore vierge de toutes informations pouvant me guider.

Ainsi commence un historique de faits parfois aussi surprenants les uns que les autres. Tous localisés et datés couvrant un espace de vie de quelque soixante trois années.

1.1 FIXER LE CONTACT

FRANCE, Aix-en-Provence, 1975 (24 ans)

Depuis que je suis dans cette ville universitaire, je suis intrigué par la présence d'un bloc de pierre imposant. D'une blancheur éclatante, il se découpe nettement dans le ciel bleu. Seul, il démarque l'avancée d'un mouvement de relief qui surplombe la ville, à quelques kilomètres de distance. Je médite longtemps sur cet étrange promontoire rocheux.

Un jour, je suis intérieurement éclairé. Je ressens une attirance. Animé d'un désir de communication avec ces individus, soi-disant extraterrestre, je cherche une carte d'état-major de la région. Sur mon balcon, je fais le point. Je repère l'accès à ce bloc. Il est dénommé le « Colombier ». Un petit chemin mène au pied de la colline. Je me rends sur place, à la sortie de la ville sur la route du Tholonet, la route du peintre Paul Cézanne. Je reconnais le chemin, en me remémorant le tracé de la carte. J'emprunte à pied lentement, pour économiser mon souffle, la petite route pentue et caillouteuse. Elle aboutit à une bâtisse, cubique, aux nombreuses fenêtres. Je passe devant la maison, avec précaution. Je débouche sur une clairière. Beaucoup trop proche de la demeure...

Je continue ma progression discrètement afin de me rendre anonyme. À la faveur d'une piste entourée de fourrés, j'identifie, au bout de deux cents mètres, un endroit idéal pour un atterrissage. Il s'agit d'une clairière, de quarante sur soixante mètres, peu accidentée. Cette plate-forme de terre correspond parfaitement à mes attentes. Tout autour, personne, plus d'habitations. Je me place au sommet d'un petit plateau. De part et d'autre, s'étalent des vallons boisés. Seul, un jeune pin bien portant se dresse au centre de cet espace. C'est ici que s'accompliront mes premières sorties nocturnes.

Nous sommes le mardi 18 mars 1975. En pleine nuit, je me rends pour la première fois sur le lieu de rendez-vous. Ma respiration devient haletante et ma démarche saccadée. La route escarpée s'assombrit de plus en plus. Qu'elle pourrait être ma surprise à braver ainsi l'inconnu ? Cela pourrait s'avérer dangereux, voire très dangereux. Peu importe le risque, je ne puis reculer. J'ai décidé de connaître la vérité. Il me faut la quérir. Ce n'est pas en restant tranquillement chez moi que tout me sera dévoilé. Au-dessus de ma tête, l'éclat des étoiles diffuse une douce clarté. Elles sont bien là. Je m'arrête pour les contempler. Je me rassure, à l'idée de penser qu'il y a là-bas dans ce lointain, certainement des êtres intelligents, bien meilleurs que nous. Ils m'entendront peut-être et viendront sans m'effrayer, prendre contact avec moi. J'ai choisi de connaître ce qui est caché. Tant pis si mon corps en subit les conséquences. De temps en temps, je m'arrête pour écouter le silence. Puis, je regarde derrière moi à l'affût d'un éventuel importun. Je reste irrémédiablement seul. C'est bien. Ma présence en ces lieux reste placée sous le sceau du secret.

Arrivé au niveau de la maison, silencieusement j'applique chacun de mes pas. Telle une ombre, dans la pénombre, je la dépasse sans me faire remarquer. Entre les deux clairières, pendant la progression dans la forêt obscure, inexorablement, l'étreinte de l'angoisse resserre son étau. J'accède enfin au point recherché. Malgré mon apnée involontaire, un état de douce béatitude m'envahit. Je tente de me fondre dans ce décor naturel, seul moyen de passer psychiquement inaperçu des forces belliqueuses, si elles existent. Durant ces instants, toutes sortes de pensées magiques, enfouies en moi, resurgissent. Enfin me voilà, j'arrive.

Je me place dans la zone de terrain dégarni. Au-dessus de ma tête, les magnifiques constellations d'étoiles jaillissent de leurs éclats dans ce ciel de Provence. J'aperçois fort loin, au sol d'autres lumières, celle de la ville et de quelques demeures isolées dans le vallon. Ma tranquillité me permet de mieux me concentrer sous les cieux. Je remarque que je suis au centre de la plate-forme. Il serait préférable de m'écarter au plus vite, pour ne point gêner un atterrissage présumé.

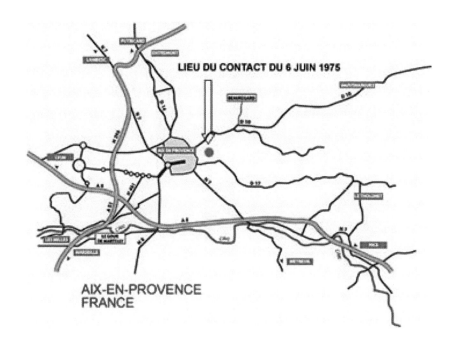

AIX-EN-PROVENCE
FRANCE

Je reste dans la demi-clarté, sans oser sortir de la clairière. Je crains que ne surgissent des bois sombres, une forme emprunte à une indicible horreur. Soudain, un cri terrible déchire la nuit. Mon cœur se rétracte. Instinctivement, je me réfugie auprès d'un arbre. Ce n'est que le hululement d'une chouette. Et j'en ai eu peur...

Quelle heure est-il?. Une heure du matin. Il me faut rentrer. Durant ces trois heures d'écoute mentale du tréfonds de l'univers, il ne s'est strictement rien passé. Le vendredi 21 mars 1975, je réitère mon expérience de neuf heures trente à minuit et demi. Certes, soutenu par une confiance en moi-même, mais peu rassuré dans ce noir terriblement inquiétant, oppressant encore mon souffle. Le repos m'est interdit. Les étoiles restent là, présentes, immuables. Je ne cesse de les contempler durant d'interminables heures. Je me recueille, attentif au moindre signal, attendant une réponse à mes appels télépathiques.

Même avec la meilleure des bonnes volontés, il ne se passe strictement rien. Le vendredi 11 avril 1975, la désolation dans l'âme, je me rends une dernière fois au pied du Colombier. Le dicton bien connu « jamais deux sans trois » se vérifiera-t-il ? Debout sous les cieux, je respecte une ultime fois le silence, face à l'inconnu total, la tête tendue vers les cieux, sans jamais fléchir. Il est vingt-trois heures. Maintenant tout va s'accomplir. Il m'est insupportable de penser qu'il ne peut exister, dans les tréfonds de l'univers, d'autres civilisations plus avancées que la nôtre. Celles-ci ne manquent pas de nous observer. Mes convictions vacillent. Sans doute, ne suis-je pas digne d'intérêt. Un sentiment de tristesse me submerge.

Je me sens petit, si faible. Vaincu, je suis sur le point de baisser la tête. Soudain, quelque chose se produit sur l'instant. Haut dans le ciel, je crois déceler comme un voile lumineux disparaître aussi vite qu'apparut. Cependant, je ne puis en être certain. Cela ne peut constituer pour moi un élément probant. Une cause peut-être naturelle, ou un affaiblissement de la vue, un trouble cérébral quelconque aurait pu en être la cause. Rongé par le doute, je maintiens mon émission mentale vers l'espace. Je me prépare à tout signe envoyé par eux.

Brusquement un sentiment de vide envahit ma région occipitale. Ma tête se renverse plus encore. Elle se tourne inexorablement vers une étoile à l'éclat remarquable. N'est-ce point Arcturus ?. Je l'identifierai a posteriori. Dans un état de perception irréelle, passe entre elle et moi, une tache lumineuse épousant les dimensions d'une demi-lune. Puis elle s'évanouit comme si elle avait tranché la voûte céleste. En même temps, je perçois mentalement d'étranges consonances en nombre de trois « ante », « ole », « ma ».

— **Ah.. Ça y est, j'ai réussi.**

Je serre les poings. Je les brandis vers les cieux. Je m'adresse à ces extraterrestres :

— **Je vous remercie Seigneurs pour ce que vous venez de faire, en me récompensant ainsi de mes efforts.**

Puis, je me lève. Je fais quelques pas dans la clairière. Tout est calme. Personne ne se doute de ce qui vient de se produire. Point de témoin, alors, je puis rester encore quelque temps. D'un œil toujours plus attentif, quelques minutes plus tard, passe une autre tache lumineuse. Plus petite, elle traverse une bonne partie du ciel. Fatigué, je décide d'en arrêter là.

Quelle révélation fantastique que ce passage lumineux !. Était-ce une amorce de vaisseau spatial, aperçu trop vite ?. Je n'ai vu qu'un halo lumineux, sans un hublot. Maintenant, je suis obligé de revenir me recueillir en ces lieux privilégiés. À l'avenir, il sera obligatoire de communiquer avec ces intelligences. Dès à présent, le doute ancré en moi, se dissipe. Des certitudes se substituent à lui. Enthousiasmé par une, telle preuve d'intérêt, je reviens les nuits suivantes. Par deux fois, j'observe le même phénomène. Des taches lumineuses traversent très rapidement le ciel constellé d'étoiles. Puis, elles s'évanouissent dans la nuit.

S'ajoute à cela une constatation incroyable. Deux étoiles filantes ont traversé la nuit à chacune de mes formulations mentales. Le jeudi 15 mai, je note deux petites taches lumineuses, ainsi qu'une troisième très petite. De plus, comme la première fois, une petite boule jaune traverse le ciel à grande vitesse.

1.2 LA RENCONTRE DU 6 JUIN

FRANCE, Aix-en-Provence, 6 Juin 1975 (24 ans)

C'est ma neuvième tentative de prise de contact. Le ciel est parfaitement clair. De nouveau dans la clairière, je me repais du silence envahissant toutes choses. Je fixe les constellations. Puis soudain une étoile filante passe.

— Ça y est. Ils sont là. Tout va bien.

S'agirait-il d'un signal convenu ?. Je me concentre pour émettre par télépathie. Une autre étoile filante traverse horizontalement le ciel. Encore une troisième dans la même direction !. Mon attention est entretenue par ces lignes de feu, tranchant dans le noir de la nuit. Une présence bienveillante m'envahit. Observé, voire étudié, je ne m'en offusque pas, bien au contraire. Apparaît alors, une boule de lumière. Elle fuse dans toute la largeur du ciel, remplissant mon cœur d'une allégresse proche du ravissement.

Quel feu d'artifice !. Une demi-heure passe sans que j'observe d'autres signes plus significatifs. Ces derniers restent toujours inaccessibles. Soudain, au zénith, pour me contredire, se découpe très nettement la forme d'un vaisseau spatial. Circulaire, trois ailerons arrière se détachent nettement. Cette pastille lumineuse disparaît, par enchantement. À son apparition, je fais des signaux gestuels. Je comprends la futilité de mon action. Le vaisseau se déplace beaucoup trop haut. Il ne peut comprendre mon souhait de rencontre. Il répond à mes émissions télépathiques. Tout se passe si haut... Je désirerais tellement y être... Pourquoi n'atterrissent-ils pas ici, alors que personne ne peut nous surprendre ?. J'en conclus, tragiquement déçu, qu'ils ne me contacteront pas. Ils daignent juste se manifester pour m'encourager. Profondément vexé par leur attitude, je décide de rompre purement et simplement tout effort de relations avec eux. Je m'adresse ainsi à eux en ces termes :

Fresque monastère Detjani

— Je vous remercie pour ce que vous avez fait et pour tout ce que vous me montrez en ces instants. Mais, comprenez que je ne puis vous concevoir consciemment par de telles manifestations imprécises et lointaines. Je sais que vous nous êtes bénéfiques sans quoi nous aurions cessé d'exister, sinon asservis. Mais quelle est la nécessité de ma présence en ces lieux, si vous ne faites rien de concret pour me l'expliquer ?. Je ne vois ici qu'inutilité. S'il y a quelque chose à faire plus tard, il ne faudra plus compter sur moi. Alors adieu !. Non, plutôt « aux dieux ! À vous ! ».

Je lève les bras au ciel avançant une jambe, en signe de paix. Alors que je m'apprête à quitter les lieux, un fait extraordinaire se produit. À peine ai-je tourné la tête, que je remarque une étrange étoile rouge orangée, au-dessus du piton rocheux. Je ne prends pas encore totalement conscience de ce mystérieux phénomène. Ma faculté de compréhension est inhibée par son effet focalisant. Avec une vitesse vertigineuse, l'étoile tombe du ciel, rebondie au sol, fonce littéralement sur moi. Elle se métamorphose en une grosse sphère de trois mètres de diamètre. Les pieds volontairement cloués au sol, je ne dois en aucune façon m'enfuir quoi qu'il advienne. La boule arrête sa course. L'objet pivote sur lui-même, présentant ainsi une coupole. Je n'ai guère le temps de détailler cet engin. Dans un réflexe bien naturel, mais stupide, je protège un court instant ma face par mon bras gauche, durant son approche déroutante. J'imaginais qu'il allait s'écraser au sol et me percuter.

Reconstitution 6 juin 1975

18

Reconstitution 6 juin 1975

Toutefois, il n'y a, à aucun moment, ni changement de couleur, ni bruit aussi infime soit-il. L'objet toujours devant moi, reste en sustentation au-dessus du sol. À l'instant où mon entendement signale cette apparition extraterrestre, consciente, je ne me souviens plus de rien. L'objet recule de quelques mètres, très lentement. Brusquement, il s'élève à trois cents mètres d'altitude, change plusieurs fois de couleur, puis repars horizontalement à angle droit. Il disparaît au-dessus de la ville. Même lorsque l'objet n'est plus visible, demeure dans le ciel quatre traînées blanchâtres. Tout s'est passé si féeriquement que je ferme les yeux, me pince, me gifle, afin de bien m'ancrer dans mon corps et ma réalité. Seulement, si ouvrant les yeux à nouveau je retrouve les traces laissées par l'engin, je porterais crédit à mon observation?. Je baisse la tête. Contrôlant le rythme de ma respiration, je serre les poings. Puis, ouvrant les paupières, la tête droite, tendue vers le ciel, l'impossible s'impose à ma vision. Les quatre traînées blafardes, horizontales, parallèles, sont bien là, présentes.

Mon état d'esprit, consécutif à cette rencontre formidable, se passe de tout commentaire. Une étrange ivresse m'envahit.

19

Pour la première fois de ma vie, j'ai vécu, en pleine possession de mes moyens, dans un espace-temps appartenant à l'intersection de deux mondes. J'ai été le seul témoin de la preuve irréfutable de sa réalité. Que s'est-il réellement passé durant cette rencontre ?. Je ne me souviens plus. Y avait-il un être à l'intérieur ?. Tout ce que je puis savoir, c'est que la boule peut apparaître quand bon lui semble. Redescendant sur le chemin, je la vis à nouveau passer, dans le ciel. Ce que j'ai pris pour une boule était en réalité une coupole vue de face.

Fresque Cathédrale Svetishoveli

Lorsque l'engin traverse l'espace une deuxième fois, alors que la rencontre était achevée, j'aperçois un homme, assis à l'intérieur. Je quitte ce lieu enchanteur tandis qu'un de mes bras reste totalement endolori, comme après une très forte décharge électrique.

Je reprends ma mobylette et passe devant le stade de la ville. Je m'arrête pour regarder un match de foot en nocturne. Des flots de larmes s'écoulent sur mon visage. Rien ni personne ne peut tarir cet épanchement. Je crains le ridicule. Un jeune couple me dévisage, de leurs regards suspicieux.

1.3   CONTACT LA CONFIRMATION

FRANCE, Ozoir-la-Ferrière, 6 Juin 1976 (25 ans)

Désormais je réside à Paris, depuis octobre 1975. De temps à autre, à la faveur d'un petit déplacement, dans le Sud, je me rendais en observation nocturne. Ici tout s'avère plus compliqué. La densité de population ne permet pas un isolement complet à moins d'une soixantaine de kilomètres. Se rendre à l'extérieur de la capitale, demande d'organiser une véritable expédition. Je me dois d'assurer à tout prix ma présence quelque part, en cette date importante. Premier anniversaire de confirmation de « contacté ». C'est un bon moyen de vérifier l'intelligence du phénomène, si celui-ci se montre encore... Sur la carte du métro, je repère, desservi par le train, une forêt domaniale. Je m'y rends une première fois, en observation. Je prends un train de banlieue. Je descends à la gare d'Ozoir-la-Ferrière. Elle se situe à une bonne quarantaine de kilomètres de Paris. Arrivé à la gare, deux solutions s'offrent à moi : soit prendre la route de gauche qui s'enfonce dans les bois, soit celle de droite en direction de la petite localité. L'occasion m'est donnée de me renseigner sur l'importance de la population. Le coin est relativement peuplé. Rien ne m'autorise à continuer mon expérience. Ai-je le choix ?. Après étude de la carte, l'emplacement s'impose. Je trouverai.

J'emprunte la route, dépasse la gare. J'opte pour la route vers les bois. Trois kilomètres plus loin, après la sortie de la ville, se situe un carrefour. Face à moi, une barrière en bois interdit toute circulation sur la piste forestière. Fantastique, je serai seul et ne risquerai pas d'être dérangé. Le tracé prolonge l'axe de la route. Je continue sur un kilomètre, pour aboutir à un autre carrefour. Cette fois-ci, il s'agit de chemins en étoile. On le dénomme « Carrefour de la Ferrandière ». J'observe les alentours. Seul le chant des oiseaux s'oppose au silence complet qui règne sans partage. Partout, se dressent des arbres. Cet endroit déjà fort acceptable, se constitue d'une zone plate dégarnie, sur un diamètre d'une centaine de mètres. Je continue mon expédition sous une allée ombragée. À cent mètres à gauche, je découvre un champ formidable, long de trois cents mètres sur cent de large. Plus aucun doute ne subsiste. Mon intuition m'a mené en ce lieu propice à ma nouvelle tentative. Satisfait, je rentre à Paris. Impatient, j'attends le soir du 6 juin. Je prends alors le train, me sachant contraint de passer la nuit entière à attendre le lendemain. Je me promène aux alentours du carrefour. Le crépuscule envahit toute chose. Avant la tombée de la nuit, je m'enfonce plus en avant dans les bois, sur quelques kilomètres. Je ne remarque qu'une propriété privée bordée de marécages. Légèrement fatigué, je m'assois sur un tronc d'arbre mort. J'attends la fin du crépuscule pour me rendre au milieu du champ. La piste s'assombrit quand le soleil disparaît.

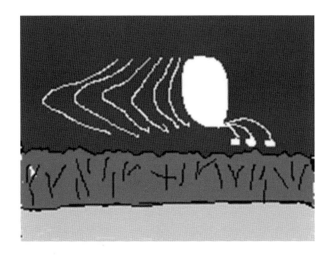

Je refais, en sens inverse, tout le parcours déjà réalisé. Je demeure un instant à la croisée des chemins. L'instant magique permet d'apercevoir les premiers éclats des constellations ou des planètes. À environ vingt-trois heures, à l'horaire d'été, la nuit n'est pas encore totale. Par chance, un seul petit nuage vogue dans le crépuscule. J'avance sur le chemin, puis me place approximativement au milieu du terrain. Les yeux tendus vers le ciel, je recherche la configuration des étoiles. Je reconnaîtrai ainsi, les mêmes que celles identifiées à Aix-en-Provence. Naturellement, j'analyse la voûte céleste dans sa plénitude. Ce que je vois me stupéfie. Je suis ébahi par la présence d'une énorme boule, comme un œuf argenté, éblouissante comme le soleil. Immobile, adossée au-dessus de la cime des arbres, elle se situe à une distance inaccessible. Vision irréelle... Je crois alors que mon heure est arrivée. Ai-je voulu trop savoir?. Cette apparition me procure une telle angoisse, une telle frayeur, que je supplie mentalement de me laisser tranquille, de ne pas venir. Je ne pourrai en supporter davantage. De cette apparition se dégage une émanation infinie d'amour, mêlée de haine. Comme si tous les opposés se réunissent. J'ai le sentiment de ne pas être admis dans la grande connaissance. Comme si la boule me lance un défi : possèdes-tu la dignité d'un être humain intelligent. À la seconde, je relève le gant. Je la fixe sans baisser les yeux. Je sens l'appel. J'ai peur. En réponse à ma frayeur, la sphère se déplace très lentement, à l'horizontale, vers la droite. Son intensité diminue. Une trainée blanche persiste dans le ciel. Après un parcours de cinq cents mètres, la boule éclate et se désagrège. Elle disparaît. Seule ne demeure qu'une tache blanche, tandis qu'à sa base surgissent trois petites boules argentées. Elles chutent en décrivant une parabole derrière les arbres. Elles se succèdent les unes après les autres, à une distance proche du kilomètre. La durée de l'observation n'a pas excédé quinze secondes.

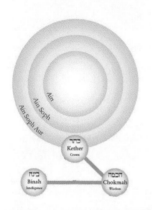

J'ai longtemps cherché la signification de cette énigmatique apparition. Après avoir étudié l'arbre de vie de la cabale, je reste encore déterminé cette nuit là, à croire en la représentation visuelle de la création du monde par Dieu.

En Sof ou Eyn Sof, se traduit en français littéralement, par « sans limites », « sans fin », et plus largement par « illimité » ou « infini ». La Kabbale qualifie par ce terme l'Essence cachée car transcendante de Celui dont le Saint Nom est ineffable.

Engrenage. Plus de doute possible, je suis pris dans une incroyable programmation. Revenir un an après jour pour jour est un grand signe d'intérêt. Je n'ai toujours aucune prise sur ces rencontres. Comment les interpréter ? Il n'y a pas eu de contact physique avec un être de l'espace. Comme un train, je me range sur les rails d'une gare pour un voyage tout tracé d'avance sans savoir où sera le prochain arrêt, ni le terminus.

1.4   LE FILS DE LA BÊTE

FRANCE, Aix-en-Provence, 5 Juin 1977 (26 ans)

Retour à Aix-en-Provence. Les aventures cinématographiques parisiennes s'achèvent amèrement. Je me prépare pour le 6 juin 1977. J'ai une appréhension. Pourquoi toujours le 6 juin ?. N'aurai-je pas été contacté par le 666 de la Bible ?. Ce nombre est souvent associé à l'Apocalypse.

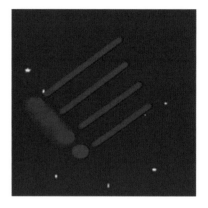

On prétend qu'il représente le chiffre de la Bête. Peu importe, je me rendrai quand même sur le lieu de contact, en pleine nuit. À ce moment, je verrais bien ce qui se produira. J'attends depuis longtemps ce nouveau rendez-vous qui sera peut-être le bon. Par deux fois déjà, le même jour du même mois, il s'est produit un événement extraordinaire. Et, nous sommes le 5 juin, le soir... Le film à la télévision s'est achevé. Sorti sur le balcon, je me concentre sur le ciel constellé. Je prie pour que cette rencontre s'effectue. Je fais corps avec mon émission mentale. Soudain un événement se produit avec une extrême rapidité. Même à l'heure actuelle, je ne puis savoir avec certitude, s'il s'agit des quatre boules rouge orangé, groupées en ligne ou de la coupole vue le 6 juin 1975, qui vient à l'instant de traverser tout le ciel de la ville. Elle laisse derrière elle, quatre traînées blanchâtres comme la fois précédente. Je reste stupéfait par cette apparition. Me serai-je trompé de jour ?. Vérification faite, absolument pas !. Je suis confondu par la surprise. À moins qu'il ne s'agisse d'une préparation pour demain... La nuit suivante, je retourne au Colombier. J'attends très longtemps. Malheureusement, rien ne se produit.

Il existe, à Aix-en-Provence, un centre de contrôle aérien. Je

25

me rends sur place pour savoir s'ils ont détecté quelque chose de particulier ce soir-là. Mais rien !. J'apprends que les écrans radar rendent les échos des avions identifiés. Ce n'est pas comme les radars militaires. Eux couvrent toute la France. Me voilà reparti pour un tour. Pour l'année prochaine, s'agira-t-il du 6 ou du 5 juin ?. Quel étrange contact !. Je ne comprends plus rien. Pour moi, avoir un contact consistait à serrer la main d'un extraterrestre et de s'en faire un ami. En fait, rien de tout cela !. Il faut toujours se préparer à l'avance. C'est assez dur. Le contact serait-il perdu ? Que faire pour le rétablir ?. Ai-je commis une erreur de parcours ?. Je marche durant des heures dans la ville, sans but défini. Souvent, je me rends à la cathédrale Saint-Sauveur. Non, pas pour prier, juste pour faire le point seul, tranquille, loin de tout. Retrouver une certaine sérénité...

Jamais deux sans trois. *Cette expression trouverait probablement ses origines au XIIIe siècle. À l'époque, on employait « tierce fois, c'est droit » pour indiquer qu'un acte devait être entrepris trois fois pour être réussi. En numérologie, le chiffre 3 représente la sociabilité et la communication.*

Sans ce proverbe, je n'aurais peut-être pas eu l'endurance nécessaire pour revenir sous les étoiles à demander un contact avec les extraterrestres. Dans ce cas précis, on était à la limite de l'abandon de mes essais. Cependant je n'ai pas eu de réelles visions à la troisième tentative, mais à la neuvième. Le chiffre neuf ayant une signification numérologique. Il est le symbole de l'idéal, du savoir, du spirituel. Le nombre 9 représente également le sommet du développement spirituel humain.

Fin d'un cycle, le Nombre 9 annonce l'achèvement et le retour à l'Unité qui va permettre la naissance, la re-naissance, l'avènement du nouveau avec le 1(0). Il peut signifier la fin d'une période d'épreuves ou la finalité d'une action, le but étant atteint.

Nombre de la bête. Après les trois années de rencontres, j'ai craint d'être contacté par le Diable. Je ne croyais pas en ce personnage, comme tout le monde ne l'ayant jamais vu. Faut-il le voir ? Je ne pouvais plus l'ignorer maintenant. Le décompte des jours d'observation donne bien 665, comment en être sûr. Il en va comme tous les spectres... Spectres de couleurs, pourquoi n'y aurait-il pas un spectre de l'ESPRIT, allant de l'extrême mauvais à l'extrême bon, en se mordant la queue pour en cet instant sauter de niveau ?

Apocalypse 13 :18... C'est ici la sagesse. Que celui qui a de l'intelligence calcule le nombre du nom de la bête, car c'est un nombre d'homme, et ce nombre est six cent soixante six. (666). 6+6+6=18, 1+8=9.

Cette projection du nombre 666 dans la perspective de mon contact m'excluait dès le départ à être pris au sérieux par les ufologues. Devoir être considéré comme agent du mal, un possédé, un déséquilibré. Plaisanterie, tromperie ou incompétence d'un instigateur cosmique dont je n'avais pas vu le visage ? Il est peu probable qu'il y ait eu erreur sur ma personne. Le texte de la Bible nous dit de calculer ce nombre, mais de le faire sur quoi, une date, un nom, une formule mathématique, voir une disposition des étoiles ? De toute façon pour donner une reconnaissance à ce calcul, il aurait fallu que le support soit reconnu aussi par l'instigateur. Le calcul pouvant être attribué à un nombre dont le support pouvait n'avoir aucune relation dans l'intention biblique. En fait, pour identifier le support de la bête, il faut à la fois calculer et voir le doigt de l'instigateur pointer sur elle. C'est ce que tu verras plus tard grâce au nom acturien Antoll MA.

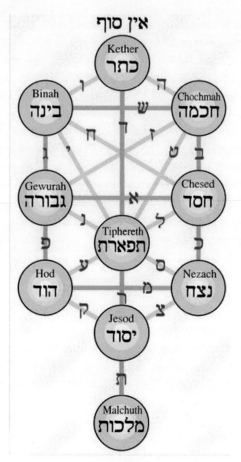

Arbre de Vie

Rôle. La première étape est passée. Si tu es bien entré dans la peau du personnage tu as dû quand même être un peu choqué, sinon t'attendre à devenir fou à tout moment. Fort heureusement tu as consigné en secret sur papier tes observations pour le pas les oublier. Tu as compris que tu t'es trompé sur leur origines pensant avoir des contacts avec des extraterrestres. Tu pouvais encore admettre cette éventualité, mais avoir un lien avec un nombre de la Bible cela chamboule tout tes plans. Tu comprends que tu t'es fait doubler et totalement dépassé par ce qu'il t'est arrivé. Comment faire pour vivre avec çà dans la tête ?

Révélation. Il y a eu bien trois contacts qui se sont succédé les 6 juin 1975, 6 juin 1976 et 5 juin 1977. Si nous réduisons les années, nous obtenons le nombre 666 pour la date du dernier contact.

6 juin 1975 --→ 6 6 22 --→ 6 6 4

6 juin 1976 --→ 6 6 23 --→ 6 6 5

(5)6 juin 1977 --→ 6 6 24 --→ **6 6 6**

Cette évidence est FONDAMENTALE ! Si tu es un chercheur tu devrais commencer à entrevoir un évènement prévu dans le temps. Pourquoi ne c'est-il rien passé le 6 juin 1977, mais un jour avant soit le 5 juin 1977 ?

L'entité gouvernant ce plan de contact a dès le départ bien cadré son terrain de manœuvre de façon qu'il n'y ait aucune digression possible. Ne pas laisser le contacté sortir des clous !

2

La Signature du 666

Vingt cinq années plus tard après de multiples épreuves de la vie, je vais recevoir le sceau de la reconnaissance. Le nombre 25 est très évocateur en guématrie. Note tout de même que le 2 juin 1976 j'avais 25 ans. Nous sommes dans un monde soumit aux règles des nombres. Le temps correspondra à des cycles d'évènements synchronisés et l'espace à des dénominations spi rituelles mathématiques. Ainsi parle l'esprit !

Le temps... le temps passe. Oui beaucoup d'années sans comprendre la direction prise. Parfois de petites manifestations juste le nécessaire pour conserver la foi, plutôt divertir pour garder patience.

Le contacté change de statut. Il va devenir l'équivalent d'un « sauveur ». Pour qu'il puisse se tenir prêt à recevoir une mission il doit en être convaincu à cent pour cent. Ainsi la deuxième révélation se portera sur son nom.

2.1   PRÉSENCE DE LA FORCE

FRANCE, Aix-en-Provence, 1979 (28 ans)

Passons à la base 1. C'est-à-dire que chaque place de la lettre de l'alphabet est le produit par 1 de sa position dans l'alphabet. L'art de la numérologie est de remplacer les lettres par des nombres et de faire correspondre ainsi des noms ayant le même nombre, cela introduisant de nouvelles perspectives dans l'interprétation des nombres.

A	B	C	D	E	F	G	H	I
1	2	3	4	5	6	7	8	9
J	K	L	M	N	O	P	Q	R
10	11	12	13	14	15	16	17	18
S	T	U	V	W	X	Y	Z	
19	20	21	22	23	24	25	26	

Le nom complet de Antoll MA nous donne :

A	N	T	O	L	L		M	A
1	14	20	15	12	12		13	1

La réduction du nom acturien donne :

1+14+20+15+12+12+13+1 = 88 -> 16 ->7

Réduisons le nom de Antoll nous avons 1+14+20+15+12+12 donne 74 qui se réduit en 7+4 = 11 qui se réduit en 1+1=2. Le 11 contient toute la Force créatrice et la puissance de l'énergie de la Lumière sur la matière.

Réduisons le nom de MA nous avons 13+1 donne 14 qui se réduit en 1+4=5. Le 14 représente la communication avec le monde de l'invisible.

Intéressons-nous seulement aux consonnes :

A	N	T	O	L	L		M	A
1	14	20	15	12	12		13	1

Réduisons les consonnes nous avons 14+20+12+12+13 donne 71 qui se réduit en 7+1 = 8. Intéressons nous seulement aux voyelles.

A	N	T	O	L	L		M	A
1	14	20	15	12	12		13	1

Réduisons les voyelles nous avons 1+15+1 donne 17 qui se réduit en 1+1=8.

Le poids des consonnes est égal au poids des voyelles.

CONSONNES ⇒ ANTOLL MA ⇐ VOYELLES

2.2   CODE APOCALYPTIQUE

CORSE, Bastia, 2002 (51 ans)

Nous remontons vers Bastia. Dans un restaurant Vietnamien avec mon amie, nous déjeunons tranquillement. Je reçois, dans la tête, l'idée de faire correspondre, en numérologie, le nom Antoll MA avec celui de Jésus-Christ. Je gribouille, sur la nappe en papier, la table numérologique de base. J'en déduis une similitude, absolument frappante, entre les deux noms. Sans aucune équivoque, on peut affirmer que Jésus-Christ et Antoll MA possèdent la même signification. Les consonnes sont aussi les mêmes, ainsi que les voyelles.

Ce qui me permet d'affirmer les assertions suivantes :

Nom complet

J	E	S	U	S		C	H	R	I	S	T
10	5	19	21	19		3	8	18	9	19	20

Nom complet

A	N	T	O	L	L		M	A
1	14	20	15	12	12		13	1

Réduisons le nom de Jésus nous avons 10+5+19+21+19 donne 74 qui se réduit en 7+4=11 qui se réduit en 1+1 = 2. Réduisons le nom de Antoll nous avons 1+14+20+15+12+12 donne 74 qui se réduit en 7+4 = 11 qui se réduit en 1+1=2. Jésus et Antoll ont la même réduction numérologique. Réduisons le nom de CHRIST nous avons 3+8+18+9+19+20 donne 77 qui se réduit en 7+7 = 14 qui se réduit en 1+4=5. Réduisons le nom de MA nous avons 13+1 donne 14 qui se réduit en 1+4=5. CHRIST et MA ont la même réduction numérologique.

Nom consonnes

J	E	S	U	S		C	H	R	I	S	T
10	5	19	21	19		3	8	18	9	19	20

Nom consonnes

A	N	T	O	L	L		M	A
1	14	20	15	12	12		13	1

Réduisons les consonnes du nom de Jésus CHRIST nous avons 10+19+19+3+8+18+19+20 donne 116 qui se réduit en 1+1+6 = 8. Réduisons les consonnes du nom de Antoll MA, nous avons 14+20+12 +12+13 donne 71 qui se réduit en 7+1 = 8. Jésus et Antoll ont la même réduction numérologique.

Jésus CHRIST et Antoll MA ont la même réduction numérologique en consonnes.

Nom voyelles

J	E	S	U	S		C	H	R	I	S	T
10	5	19	21	19		3	8	18	9	19	20

Nom voyelles

A	N	T	O	L	L		M	A
1	14	20	15	12	12		13	1

Réduisons les voyelles du nom de Jésus CHRIST nous avons 5+21+9 donne 35 qui se réduit en 3+5 = 8. Réduisons les voyelles du nom de Antoll MA nous avons 1+15+1 donne 17 qui se réduit en 1+1=8. Jésus et Antoll ont la même réduction numérologique. Jésus CHRIST et Antoll MA ont la même réduction numérologique en voyelle. La déduction numérologique s'impose d'elle-même

ANTOLL MA = JESUS CHRIST

La réduction donne 5, ce qui permet d'affirmer

MA = CHRIST = INRI

Mais aussi avec le Messie

M	E	S	S	I	E
4	5	1	1	9	5

La réduction donne 25, ce qui permet aussi d'affirmer

ANTOLL MA = JESUS CHRIST = MESSIE

Avec Moïse

M	O	I	S	E
4	6	9	1	5

ANTOLL MA = JESUS CHRIST = MOÏSE

Il semble que le nom Antoll MA s'associe fortement avec Jésus-Christ. Avant de trouver des preuves il a fallu sensibiliser le porteur à recevoir cette information. L'invisible s'est donc employé, à distiller dans mon conscient et dans le temps certaines données particulièrement affinées.

Par contre, ce sentiment de présence allant s'accentuant au fur et à mesure de mes observations. Plus particulièrement, une sensation d'être venu missionné sur Terre pour accomplir un objectif défini par une puissance inconnue. Cette puissance, je la sentais bien à mes côtés comme si nos consciences étaient l'une à côté de l'autre. Ce sentiment va me poursuivre toute ma vie. Dès le départ, je présentais comme une obligation impérieuse à devoir me comporter comme attendu.

2.3   LE NOMBRE DE LA BÊTE

FRANCE, Bastia, 2002 (51 ans)

Passons à la Base 9. C'est-à-dire que chaque place de la lettre de l'alphabet est le produit par 9 de sa position dans l'alphabet.

A	B	C	D	E	F	G	H	I
9	18	27	36	45	54	63	72	81
J	K	L	M	N	O	P	Q	R
90	99	108	117	126	135	144	153	162
S	T	U	V	W	X	Y	Z	
171	180	189	198	207	216	225	234	

Quel est l'intérêt, nous allons le voir tout de suit et cela va te sauter aux yeux !

J	E	S	U	S
90	45	171	189	171

$9+45+171+189+171 = \mathbf{666}$

A	N	T	O	L	L
9	126	180	135	108	108

$9+126+180+138+108+108 = \mathbf{666}$

37

L	U	C	I	F	E	R
108	189	27	81	54	45	162

108+189+27+81+54+45+162 = **666**

Pour Muhammad je vous laisse deviner :

M	U	H	A	M	M	A	D
117	189	72	9	117	117	9	36

117+189+72+9+117+117+9+36 = **666**

Pour les juifs deux bonnes surprises :

M	E	N	O	R	A	H
117	45	126	135	162	9	72

117+45+126+135+162+9+72 = **666**

M	E	S	S	I	A	H
117	45	171	171	81	9	72

117+45+171+171+81+9+72 = **666**

Avec le carré magique du Soleil :

6	32	3	34	35	1
7	11	27	28	8	30
19	14	16	15	23	24
18	20	22	21	17	13
25	29	10	9	26	12
36	5	33	4	2	31

La somme de chacune des lignes donne 111. La somme de chacune des colonnes donne 111.

La somme des sommes donne **666**.

Gématrie. La guématrie est une connaissance qui permet d'attribuer des nombres à des lettres. La somme obtenue permet d'éclairer le chercheur sur l'intention cachée d'un mot ou d'une phrase. Prenons par exemple l'Apocalypse selon Saint-Jean 13-18 :

> *« C'est ici la sagesse. Que celui qui a de l'intelligence calcule le nombre de la bête. Car c'est un nombre d'homme et son nombre est six cent soixante six. »*

La dernière phrase à pour somme le nombre de la bête. C'est une preuve sans aucun doute que le français est la langue de la révélation. Cet outil est essentiel pour rapprocher des synchronicités. Comparer des événements avec des dates. On peut ainsi découvrir des systèmes mathématiques, secrètement organisés en nombres, portés par des textes.

La réduction numérologique en table 1 de la phrase suivante donne 666 :

Car c'est un nombre d'homme et son nombre est six cent soixante six = 666

Rôle. Que de surprises et elles ne sont pas venues du ciel celle-là mais d'une feuille de papier. Comment te sens tu après avoir reçu mille feux de la nuit s'est assis sur une table avec un stylo que tu écris ta destinée. Il va te falloir faire le « prophète ». Ce n'est pas de la rigolade. Tu vas devoir affronter un peuple hostile. Finir crucifié sur une planche peut être après avoir supporté les moqueries de tous.

Révélation. Lucifer, Jésus, Antoll, Muhammard, Menorah, Messiah sont tous dans la même résonance guématrique de la hiérarchie céleste. Antoll MA est le nom du dernier prophète. Que le monde attende un mahdi, un messie ou un machiah pourquoi pas! Mais moi je n'attends plus, je suis là!

JESUS (Iησους)

I	=	10
η	=	8
σ	=	200
o	=	70
υ	=	400
ς	=	200
TOTAL	=	888

3

Rencontre avec le 666

6 juin 1977 --→ **6 6 24** --→ **6 6 6.** Si la troisième manifestation s'était produite un 6 j'aurais alors été confirmé trop tôt. Nul doute que cet évènement majeur m'aurait rendu fou à vingt six ans.

J'ai cru que j'avais été abandonné. Mais 36 ans plus tard...

3.1   LA NUIT DE LA BÊTE

FRANCE, Rocher de Dromon, 2013 (62 ans)

Au lendemain du 6 juin 2013 au Rocher de Dromon

Le 6 juin 2013, correspond à la symbolique ésotérique du 666.

41

Le premier « 6 » pour le jour, le deuxième « 6 » pour le mois et le troisième « 6 » pour l'année. Particulièrement inquiet, je comprends que c'est la nuit du Diable. Pour la première fois, personne ne vient. Je reste seul. Le calme m'impressionne : pas de cris d'animaux, pas de vols d'insectes. Il fait chaud. Le ciel est d'un bleu nuit d'encre. Les étoiles scintillent de tous leurs feux.

Préparation de la venue de Lucifer

J'effectue des allers et retours, en marchant sur le chemin goudronné, devant le Dromon. Je fixe le ciel. Je m'interroge sur la conscience faisant de nous des êtres déterminés par une destinée, tandis qu'apparaît devant la Grande Ourse une lumière blanche. Elle clignote puis diminue. Elle se change en un très long tube jaune qui disparaît. Puis elle revient, clignote, grossit et s'évanouit dans la nuit.

Vraiment, quelle étrange apparition ! Est-ce le symbolisme de la réincarnation, de l'âme entrant et sortant dans un parcours de vie ? Était-ce un diadème ou une couronne dessinée dans le ciel.

Apparition du 666 dans la nuit du 6 juin 2013

Le 666 m'obsède il me faut cette reconnaissance! Quelques minutes plus tard, dans le ciel, un disque monstrueux apparaît, au-dessus de ma tête. Il m'envoie un éclair illuminant les alentours. Enfin, le phénomène tant attendu s'est produit. Le Rocher de Dromon est reconnu comme le lieu mondial de contact. Après tant d'années d'efforts, malgré une longue latence, me voici désormais gratifié d'une récompense. La traversée du désert s'est heureusement achevée.

Cela se précise davantage, le 6.6.2013 se confirme magistralement. L'entité qui est derrière le contact à ses habitudes.

Personne n'est venu à cette réunion. Souvent cela tourne à une trentaine de personnes. Le contacté est une personne de confiance. La réunion n'est pas une foire. La conscience ou le groupe de conscience doit au minimum être suffisamment avancé pour encaisser le sens de l'apparition et surtout le coup de rayon reçu en face de la tête aux pieds.

Observe la manière dont s'est produit cette soirée en deux partie. La première correspondrait la composante extraterrestre qui de ce fait justifie sa contribution dans le contact apocalyptique. La seconde étant celle du maître d'œuvre.

Rôle. Maintenant c'est la totale le grand 666 en personne s'est montré à toi. Une entité d'une hauteur divine immense vient de te donner le temps de quelques secondes sa présence. Te rends-tu comptes de l'attachement que cette entité te témoigne ? Pourtant tu as su garder ta sérénité faisant corps et âme avec l'entité.

Révélation.

6 juin 1975 --→ 6 6 22 --→ 6 6 4

6 juin 1976 --→ 6 6 23 --→ 6 6 5

6 juin 1977 --→ 6 6 24 --→ **6 6 6**

36 années plus tard...

6 juin 2013 --→ 6 6 6 --→ **6 6 6**

9 années plus tard... Je te laisse deviner.

Le nombre 665 à sa signification dans le Coran. Il serait en rapport avec le messager de Dieu.

La sourate « Al Baqara » est la plus longue du Coran. Elle fut la première sourate révélée à Médine. Trois lettres, ALM, sont placées au commencement de cette sourate d'une façon particulière. Personne, des spécialistes comme des novices, ne semble en connaître la signification, ni même la raison d'être de ces trois lettres. Tout se passe comme si ces trois lettres font partie d'un code secret. Au-delà de la signification apparente du texte coranique, il y aurait d'autres messages restant inaccessibles au lecteur, s'il ne connaît pas ou s'il n'arrive pas à déchiffrer ce code.

A	N	T	O	L	L		MA
75 76	77 78	79 80	81 82	83 84	**85 86**		**1987**
1 2	3 4	5 6	7 8	9 10	**11 12**		**13**

Faisons le somme des places des années doubles, des lettres en prenant le dernier L et la treizième position de MA. A, M et L soit $11+12+13 = 36$.

Si nous sommons le nombre 36 soit $1+2+3 +\ldots+35+36$ nous obtenons 666.

6 juin 1977 + 36 années nous positionne sur le fameux 6 juin 2013. Comme tu peux le voir rien n'est au hasard.

3.2   SIGNIFICATION DU NOM

FRANCE, Marseille, 1998 (47 ans)

Je ne possède toujours pas d'explication. Je décide donc, de me lancer dans l'apprentissage des lettres hébraïques. Je dois parvenir à traduire Antoll MA en hébreu. À la synagogue d'Aix-en-Provence, je prends contact naturellement avec le rabbin. Ce vénérable à barbe blanche possède une curiosité, une chaleur humaine et une ouverture d'esprit qui détonne avec son aspect. Le docteur en loi me conseille des textes à étudier. Il me conforte dans ma démarche, tout en me mettant en garde après m'être confié sur mes objectifs. Un événement drôle s'est produit pendant cette rencontre. Alors qu'il compulsait ses documents, je me suis approché de la fenêtre. Quelle ne fut pas ma surprise, en voyant un couple dans ses ébats ! J'en fis part au rabbin. Celui ne s'en est pas inquiété, trouvant cela naturel. Qui s'attendrait à ce type de réaction de la part d'un religieux.

Je décide d'apprendre l'Hébreu par moi-même. Très facilement, je trouve la signification du nom donné. Le chercheur et écrivain sur la Kabbale, Georges Lahy, rencontré à la foire de Marseille, valide ma recherche sur la manière d'écrire Antoll MA. En Hébreu, cela possède le sens de : « Je prendrai quoi ». À ne pas interpréter comme « Qu'est-ce que je prendrais » mais bien « Je prendrai le quoi ! ». D'après le livre de Georges Lahy. « Le dictionnaire encyclopédique de la Kabbale », les lettres de Antoll MA possèdent en Hébreu les significations suivantes :

- (Aleph) א : Première lettre de l'alphabet hébraïque. Cette lettre unifie les mondes de l'avant et de l'après création. Elle est la permanence de l'unité. Cet alphabet possède la particularité de commencer par un silence. En effet, Aleph n'a pas de sonorité.

- (Noun) נ : Lettre de fécondité et de prolifération.

- (Teith) ט : Symbolise le changement d'état. Organe de transformation. Annonce de bonnes choses.

- (Vav) ו : Représente tout ce qui réunit les choses entre elles.

- (Lamed) ל : Sens d'enseigner, d'apprendre, d'instruire. C'est l'expression de la force intérieure, le mouvement vers l'extérieur de la richesse intérieure. Puissance intellectuelle, l'étude ou la science.

- (Mem) מ : Représente l'eau. L'idée de matrice. Symbolise le retour vers l'intérieur pour se transformer, la force centripète. Indique la gloire de Dieu révélée ouvertement par ses actions.

↶ (Hé) ה : C'est la lettre du souffle de vie. C'est le mode de communication entre les différents niveaux de l'âme.

Bout à bout, le sens des lettres donnerait pour Antoll MA : action prolifique et féconde pour la transformation des choses par l'élévation des richesses intérieures ouvertement révélées.

ACTION PROLIFIQUE ET FÉCONDE POUR LA TRANSFORMATION DES CHOSES PAR L'ÉLÉVATION DES RICHESSES INTÉRIEURES OUVERTEMENT RÉVÉLÉES

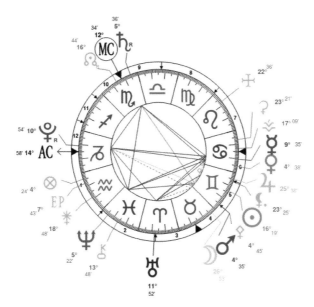

Carte du ciel du 6 Juin 2013

6 6 6

47

4

Le Dévoilement du 666

J'ai programmé un tableur pour me donner les traductions numérologiques de mots ou de phrases. Depuis la table 1 jusqu'à la table 12. Dans la guématrie les tables les plus pertinentes sont les tables de 1 et de 9.

4.1   LE PREMIER DÉVOILEMENT

Je me détourne de mon travail sur ordinateur pour ouvrir ma feuille de calcul et taper une phrase entière sans l'avoir pensé.

« LE CORONAVIRUS TUE QUATRE MILLIARDS DE
PERSONNES EN SEPT MOIS »

Ma surprise est grande de voir apparaitre dans la case de résultat le nombre 666 dans la table 1. La nature même de la phrase ne parait pas réaliste. Quatre milliards de personnes cela fait beaucoup. Je m'interroge sur la suite à donner faut-il lancer une alerte sur les réseaux sociaux ? Sortir une telle affirmation sera à coup sûr décrié sans compter qu'à la fin de l'épidémie on fera le calcul pour se rendre compte que la phrase n'était pas bonne.

Peut-on aussi interpréter le texte comme une mort non pas physique mais spirituelle ? Pas le temps d'attendre ! Je réouvre mon compte Facebook en supprimant la totalité de mes messages précédents fortement en faveur des Gilets Jaunes et enragé contre le gouvernement. je fais place pour du neuf. Sauf que... sauf que je commets une petite erreur de frappe dans le texte inséré dans une image, j'oublie le « d » à milliards ce qui me vaudra de nombreuses mis au point à produire dans les réponses. Encore une fois ma rage contre le président et son gouvernement est ressortie...

Cependant un utilisateur (R.L.) éclairé a fait une remarque guématrique sur le Coronavirus. L'association du nombre de lettre avec la valeur numérologique en table 1 donne le nombre 666. Étonnant ?

4.2   LE SECOND DÉVOILEMENT

Je regarde le ciel nocturne depuis la campagne. Il m'est possible de voir un ciel très dégagé. Soudain à hauteur des satellites un éclair argenté brille extrêmement fort au-dessus de ma tête, allant vers le sud. Les nuits prochaines un éclat tout aussi brillant ce manifeste devant moi sans se déplacer. Ces apparitions se reproduisent plusieurs fois. Au point d'une part de me rappeler aux souvenirs des extraterrestres et d'autre part de douter sérieusement de sa nature.

Toujours incrédule j'insistai pour demander une preuve plus explicite. Avant même que je finisse la pensée de ma requête deux boules argentées haut dans le ciel, dix fois plus grosse qu'une étoile, se déplacent en parallèle de part et d'autre de ma position. Surpris par leur apparition au dessus de ma tête depuis le bord du toit de ma maison, je pensais qu'un nouveau contact physique était imminent. Les boules ont traversé une partie du ciel pour interrompre leur éclat constant.

Je m'empresse de regarder sur internet afin de savoir si des satellites peuvent envoyer un éclair de grande puissance.

J'ai trouvé la constellation Iridium dont les antennes réfléchissaient les rayons du soleil couchant. Pas complètement convaincu que ce soit un satellite car l'éclair apparaissait au même endroit plusieurs fois de suite, allant aussi de temps à autres vers la gauche. Les derniers satellites iridium de la première constellation située à 780 km au-dessus de nos têtes cessent d'orbiter début 2020. Pas de chance le doute persiste.

Ces signaux dans la nuit réveille ma première espérance de contact. J'avais oublié depuis quelques temps « les Extraterrestres » m'étant focalisé sur le fameux nombre 666 qui représente Lucifer.

Ce n'est qu'après avoir pratiquement fini de batailler avec mon forum sur facebook concernant le premier dévoilement que l'on m'en donne une seconde phrase :

« LA RENCONTRE EXTRATERRESTRE EST POUR
DEUX MILLE VINGT DEUX »

Mon calculateur me percute en plein visage la valeur numérologique 666. Cette fois j'ai bien fait de ne pas avoir hésité de réouvrir ma page facebook et de lancer une première alerte. Celle-ci dépasse tout ce que j'ai pu imaginer comme confirmation de la date. J'avais opté pour une réponse venant du ciel comme d'habitude, mais maintenant elle se fait par signature ce qui la rend encore plus palpable. Tout à commencé par des éclairs argentés dans le ciel pour finir par la retranscription guématrique d'un message télépathique.

4.3   LE CYCLE TEMPOREL DU 666

FRANCE, Aix-en-Provence, 1979 (28 ans)

Ce compte à rebours reste centré sur l'année 1987. Il m'invite à prolonger le code au-delà de l'année 1987. Nous recherchons un nom hypothétique. Il reste, s'il existe, pour l'instant totalement inconnu. La disposition numérologique donne six lettres à gauche et six lettres à droite. Douze étapes sont nécessaires, pour parvenir au centre du code. Le 12 représente un parcours difficile, semé d'embûches, voire des obligations et un certain dévouement. Ce nombre est fondateur dans les trois religions. Les douze apôtres de Jésus, les douze tribus d'Israël ainsi que l'Islam qui croit en l'existence de douze imams, successeurs de Muhammad. Nous avons aussi les douze travaux d'Hercule, la lune qui fait douze fois le tour de la Terre en un an. Les douze mois de l'année. Les douze signes astrologiques. Le nombre 12 est un cycle souvent utilisé pour représenter la divinité.

À ma date naissance, 1951, si l'on ajoute 12, cela donne 1963. Si l'on ajoute encore 12, on aboutit à 1975. Puis, 12 pour 1987, puis 12 pour 1999, puis 12 pour 2011 et 12 en plus, pour 2023. On remarque que le cycle prédominant impliquant un contact est de 24. Soit 1951 plus 24 années donnent 1975, plus 24 pour 1999, qui selon Nostradamus, fut l'arrivée d'un grand roi que personne n'a vu. On ajoute encore 24, aboutissant à 2023, peut-être la vraie fin du monde ? Ou celui d'un contact extraterrestre officiel ou le retour du Christ ou peut-être encore une fois de plus une fausse alerte ?. On remarque que 2023 est le résultat de 3 fois le cycle de 24 années, soit le fameux nombre

72 évoquant les anges.

<u>1951</u> 1952 1953 1954 1955 1956 1957 1958 1959 1960 1961
1962 <u>1963</u> 1964 1965 1966 1967 1968 1969 1970 1971 1972
1973 1974 **1975** 1976 1977 1978 1979 1980 1981 1982 1983
1984 1985 1986 <u>1987</u> 1988 1989 1990 1991 1992 1993 1994
1995 1996 1997 1998 <u>1999</u> 2000 2001 2002 2003 2004 2005
2006 2007 2008 2009 2010 <u>2011</u> 2012 2013 2014 2015 2016
2017 2018 2019 2020 2021 2022 <u>2023</u>

4.4   LE CYCLE ASTROLOGIQUE DU 666

Carte du ciel nassance du 2 juin 1951

53

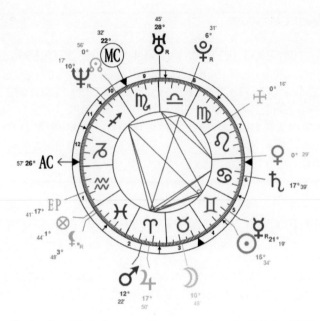

Carte du ciel de la première rencontre du 6 Juin 1975

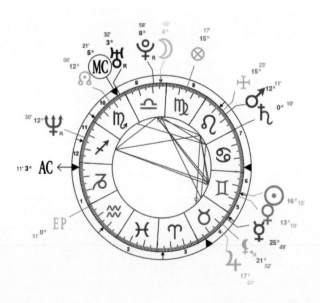

Carte du ciel de la deuxième rencontre du 6 Juin 1976

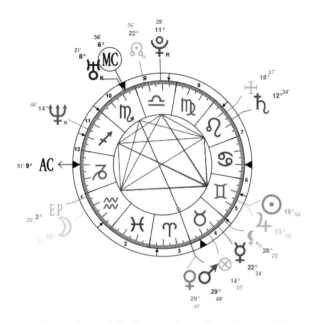

Carte du ciel de la troisième du 5 Juin 1977

Carte du ciel étoilée du 5 Juin 1977

Rôle. C'est bien tu ne te sois pas dégonflé à lancer la première alerte sur les réseaux sociaux. Tu as toujours avancé sans savoir où tu allais. Tu as montré que la divinité peut te faire confiance. Tiens bon la distance tu arrives à la fin.

2022

Maintenant c'est clair ! C'est marqué depuis le ciel : les extraterrestres vont venir se présenter sur Terre dans l'année 2022 !

5

L'Arrivée Extraterrestre

Bien que m'éloignant des extraterrestres. Je cherche un endroit propice à leur débarquement. Je le trouve dans les ALpes-de-Haute-Provence. Afin de valider ce lieu j'invite tout le monde à venir chaque soir du 6 juin.

5.1   RENDEZ-VOUS MONDIAL

FRANCE, Rocher de Dromon, 2007 (56 ans)

En 2007, j'organise, tous les ans, pour le 6 juin, une réunion mondiale. L'objectif consiste à faire venir et à accueillir les forces de Lumière. Peu importe, qu'elles soient humaines, d'ailleurs, extraterrestres ou pures entités. Je choisis Théopolis, suite à un passage dans la région en 2006. C'est un lieu tellurique très fortement chargé. Pour y accéder, il faut se rendre dans les Alpes de hautes Provence, à Saint-Geniez en France. À une vingtaine de kilomètres de Sisteron, sur cet endroit, se trouverait l'emplacement de la ville de Théopolis. Personne n'a jamais retrouvé de vestiges. Cette cité viendrait-elle de l'espace ? Une chapelle coiffe une crypte abritant une pierre ovale, pour en détourner la vérité naturelle et en interdire son utilité publique. Cet artefact possédait la vertu de rendre fécondes les femmes. La divinité parfois ne manque pas d'humour. Il est écrit sur la façade : « ce sanctuaire a été remis en état, le 6 juin 1976 ». Ce lieu est parfaitement choisi.

Plaquette commémorative sur le haut de la porte

Jadis, du temps des Romains, ce site aurait abrité une ville mystérieuse. J'y ai effectué un test de sommeil, au pied du monticule gauche du Dromon. À peine me suis-je allongé sur le sol pour m'assoupir, que je me suis retrouvé dans un endroit entièrement blanc et transparent comme du cristal. Un homme travaillait à quelque chose que je ne comprenais pas. Cette tâche mobilisait toute son attention.

Notre-Dame de Dromon

J'ai lancé des invitations au président de la République, ministres, présidents du Conseil Régional et Départemental. J'ai même invité la presse à nous rejoindre. La première fois, les journalistes ont débarqué. Comme à l'accoutumée, ils ont écrit quelques articles manquant de sérieux.

Seuls, les services de la préfecture des Alpes de Haute-Provence sont du rendez-vous. Ils n'émettent pas la moindre opposition. Le président de la République n'a jamais répondu à ma lettre d'invitation. Pas plus que ses ministres, ni même les présidents des Conseils de Région et de Département. Les journalistes n'ont pas donné de relais éclairé sur les rassemblements successifs. Sans se départir de ses habitudes, la Préfecture des Alpes de Haute-Provence continue d'observer les manifestations, sans aucune réaction. Dépité, à partir de 2009, je ne sollicite plus la présence d'aucun politicien ou journaliste.

J'ajoute, dans mon site internet, une invitation à participer à ces rendez-vous. Énormément de monde s'y rend, depuis la Belgique, la Suisse et même du Canada. Je prends chaque fois la précaution d'avertir la préfecture de Digne. À chaque manifestation, je bénéficie de la présence du même commandant de la police Nationale. Il vient prendre connaissance des résultats.

Perte de temps. Je savais que, sur ce sujet la majorité des politiciens ne prenaient aucun risque. Les lettres envoyées aux uns et aux autres furent de pures formes pour leur signaler la gravité de l'heure.

Synchronicité. *La science bute toujours aujourd'hui sur l'incroyable défi pour la raison humaine que représentent les témoignages nombreux et crédibles de certains phénomènes qui par leur synchronisme étrange exigent la recherche de causes physiques, tout en ne laissant aucune possibilité d'explication causale : il s'agit de synchronicités ou de coïncidences dont la forte improbabilité laisse penser qu'elles n'ont pas pour origine un hasard dû à notre ignorance des causes.*

CARL JUNG N'EST-IL PAS DÉCÉDÉ UN 6 JUIN ?

Si vous désirez vous rendre au Rocher de Dromon, vous devez savoir que ce domaine est propriété privée. Vous pouvez vous y rendre pour visiter la chapelle Notre-Dame de Dromon.

Gîte de Chardavon

Pour l'hébergement, je vous conseille le gîte de Chardavon, où j'ai dormi dans toutes les chambres. Pour les médiums, je vous recommande la chambre 1. Chaque nuit je fais des rêves lucides d'une extraordinaire puissance, dans de magnifiques couleurs. Gino et Marianne, les propriétaires se feront un plaisir de vous accueillir pour un séjour dans leurs six chambres et deux gîtes ruraux.

Gîte Chardavon
04200 Saint-Geniez
www.chardavon.be

Le lieu de rencontre reconnu par le 666

Les extraterrestres peuvent-ils prendre contact avec les hommes par la transmission d'une vidéo sur les ondes terriennes ? Rien ne peut se faire sans qu'il y ait au bout du dialogue quelqu'un de sérieux, éprouvé par leurs programmes de préparation.

Le Rocher de Dromon

Position en France

Le 6 juin 2013, soit le 6.6.6 un disque argenté à produit une grande lumière éclairant le Rocher de Dromon. Lucifer a reconnu le Rocher de Dromon. Oui, je dis bien que ce lieu est le point de rencontre futur avec une prochaine manifestation du cosmos. J'ai déplacé le lieu de contact solitaire de Aix-en-Provence, à Bouc-Bel-Air pour un contact de groupe, et à Saint-Geniez soit le Rocher de Dromon pour un contact général, autrement dit mondial.

Par cette apparition le 666 a bien confirmé sa présence le jour attendu. Il n'y a aucun hasard, tout est programmé selon des plans cosmiques. C'est pourquoi tu dois tourner ton regard vers ce lieu. Il ne s'agit pas de faire un lieu de pèlerinage, ni de construire un temple, ni des commerces pour vendre des babioles, satanisant les lieux. Il s'agit d'être convaincu qu'une intervention divine va provenir de cet endroit pour récupérer ce qui peut encore l'être.

5.2 LA SITUATION DU MONDE

Les scientifiques de tous bords ont sonné la sonnette d'alarme car nous vivons en ce moment à crédit sur notre planète. C'est-à-dire que nous prenons nos ressources sur celles de nos descendants qui ne pourront pas rattraper nos erreurs.

L'augmentation de la population est le principal facteur de déséquilibre de l'espèce humaine. Si une personne déforeste pour ses besoins que feront un million d'individus. En fait quelle que soit l'activité de l'homme celle-ci en augmente les effets des millions de fois plus grandes.

Une liste d'horreurs pour rappel...

- Les multinationales qui font la loi sur les nations.
- Une marge grandissante se trouve sans emploi fixe.
- L'alimentation est industrialisée comme les OGM.
- Instabilité politique et manque de liberté d'expression.
- Manque d'éducation dans les pays pauvres mais aussi débilité grandissante dans les pays riches.
- Des maffias gérant de grands réseaux criminels.
- La sécurité des personnes de plus en plus compromise.

- Corruption des gouvernements, manque de transparence.
- Généralisation de la pauvreté acceptée comme une fatalité.
- Conflits inter religieux.
- Conflits sociaux permanents.
- Guerres instrumentalisées par les grandes puissances.
- Changement climatique et destruction des ressources naturelles.
- Inégalité grandissante des salaires entre travailleurs et patrons.
- Compromission de la justice.
- Police brutale et injuste.
- Ignorance de la spiritualité.
- Manipulations génétiques.
- Maltraitance des humains et des animaux.
- La démocratie est une dictature du capital.
- Une pollution inadmissible de la terre, de la mer et de l'air.
- Une déviance grotesque des genres.
- Les privatisations qui font payer cher leurs services au peuple de plus en plus écrasé par les charges.
- Des loyers exorbitants qui entament fortement le salaire.
- L'eau qui perd de sa qualité.
- Augmentation des dépenses de santé.
- Problèmes dans les couples et enfants abandonnés.
- Prostitution forcée.
- Esclavagisme.
- ...

Bref je m'arrête. Je crois que tu pourrais en rajouter par toi-même plusieurs pages ne serait-ce que pour dénoncer tous les médias appartenant à la pègre des grands patrons.

Le constat est clair le monde ne vas pas bien. L'espèce humaine a atteint la limite de sa raison de vivre sur sa planète. Elle est donc au bord du gouffre. Pour ne pas sombrer dans le non-retours les chefs au-dessus des gouvernants vont susciter toutes sortes d'actes malhonnêtes pour perdurer leur modèle idéologique, mais à quel prix ?

5.3   L'ÉVOLUTION DES ÂMES

Tu sais très bien que seul ta conscience te rend conscient que tu es conscient. Pour t'en donner l'évidence ton corps te renvoie constamment des signaux sensoriel qui ont un impact sur ton humeur. Tu prends ainsi conscience que tu vis dans un environnement physique. Mais une fois mort comment te sens-tu ?

En fait il n'existe pas de dissociation pour la conscience entre vie et mort. Tu « es » c'est tout ! Lorsque ton corps ne répond plus tu gardes ton historique de vie, ton environnement devient sans limites.

Notre conscience humaine trace sa route selon deux axes. L'horizontal ou Axe Horizontal, le vertical ou Axe Vertical. Il advient pour son existence terrestre une courbe se rapprochant tantôt plus de l'axe vertical tantôt plus de l'axe horizontal.

L'axe de l'horizontalité est la voie de la matière. Je vis pour gagner des richesses matérielles. L'axe de la verticalité est la voie de l'esprit. Je vis pour gagner des richesses spirituelles. Ne confonds pas ceux qui s'astreignent à des exercices de divers disciplines pour une force intérieure. Non il ne s'agit pas de cette richesse. La vraie richesse est de se rapprocher davantage de l'Esprit Créateur. Ne vivre que pour une seule voie te piège dans la dépendance. Seul un équilibre entre les deux permet de mesurer un ressenti d'évolution.

La résultante collective de l'humanité ne parvient pas à sortir de sa dépendance à la matière, à l'argent, au profit en tous genres et surtout ce qui détruit tout : « la spéculation ».

Pourquoi le 666 voudrait-il intervenir ? Comment le ferait-il ?

Imaginons ensemble ce que pourrait être une rencontre avec les extraterrestres compte tenu de la sauvagerie des hommes.

5.4   LA RENCONTRE

FRANCE, Rocher de Dromon, 2022 (71 ans)

Le 666 correspond avec moi mais je doute qu'il en fasse de même pour l'humanité. Il fera descendre sur Terre au lieu reconnu par lui, une « ambassade extraterrestre ».

Un vaisseau lumineux sort de la nuit pour se tenir immobile au-dessus du Rocher de Dromon.

Le jour venu la luminosité partie on distingue alors les contours d'un grand disque aux formes arrondies façon dirigeable. Aucune ouverture tout est lisse. Le monde entier est subjugué par cette apparition.

La sécurité nationale s'organise, sécurise le site pour éviter tout afflux de personnes venues regarder de près la « bête ».

Le vaisseau ne bouge toujours pas bien campé au-dessus du Rocher.

Les médias s'impatientent. Ils provoquent les politiques pour se manifester.

Enfin une délégation se forme pour se présenter devant l'engin qui ne répond pas à leur initiative. Les politiques ont échoué dans leur prise de contact.

Les jours passent sans que les occupants du vaisseau ne se décident à sortir.

Voilà c'est tout pas plus !

La venue du vaisseau en lumière dans le silence qui se place au-dessus du Rocher à une centaine de mètres dénote une assurance certaine. Le lieu est chargé d'histoire, les extraterrestres en héritent les honneurs se situant au-dessus des hommes physiquement et spirituellement.

Leur « non-action » initiale dénote une volonté de maîtrise de la situation, une neutralité quant à ne pas provoquer les hommes. Il s'agit en fait d'éviter toutes réactions malencontreuses pouvant survenir des forces de sécurité.

Comme pour le Coronavirus les hommes doivent s'adapter à la situation. L'économie dit continuer à tourner il ne sert à rien de s'arrêter.

Les « élites » qui n'en sont pas ont été écartées. Les extraterrestres ne veulent pas rencontrer des personnes corrompues, instigatrices de conflits, sinon les validant dans le silence.

La situation ne s'arrange pas. Toujours pas de contact les portes ne s'ouvrent pas. Les extraterrestres laissent le temps à l'humanité de se familiariser à leur présence. Ce n'est pas un jeu. L'humanité doit entrer dans un grand moment de réflexion.

Il appartient à l'humanité de trouver une solution pour entrer en communication avec la nouvelle ambassade descendue du ciel.

Mon avis personnel

Mon avis importe peu bien que je sois avisé des évènements futurs. Combien de fois je me suis ramassé pour avoir été impatient. Ce n'est pas moi qui décide de ce que feront les extraterrestres.

Toutefois sachant que :

1. Les religions juive, chrétienne et musulmane sont dévoyées.

2. Les nations dominées par les multinationales.

3. La planète polluée par les humains toutes classes confondues.

Je ne vois pas comment l'humanité pourrait éviter une terrible déception pour l'issue de la rencontre extraterrestre !

On peut imaginer que :

1. Les extraterrestres « ramassent » quelques élus et repartent abandonnant les hommes à leur horizontalité dégénérescente.

2. Les extraterrestres prennent en main la gouvernance de la planète. Un chambardement gigantesque de la société est à prévoir.

3. La protection galactique se lève et l'humanité considérée comme un produit jetable. Les extraterrestres malveillants organisent une traite des Terriens pour un esclavage en tous genres : travail, jeux, sexuel, expériences ... élevage d'humains pour servir de nourriture.

Chacun de nous évolue selon sa propre courbe. Ceux qui atteignent le niveau le plus élevé de la conscience humaine ont le droit de passer dans un monde supérieur. Ils peuvent ainsi vivre à l'image de leur créateur. Par la pensée créer des espaces-temps personnalisés avec des expériences absolument incroyables.

Cela n'est pas le cas sur Terre où nous sommes tous soumis au mal. Chacun de nous subit à un moment donné le passage de la mort. Cette dernière nous confine dans le monde d'où nous venons en nous y faisant revenir et revenir si notre propre courbe ascensionnelle ne permet pas de franchir le seuil.

ANTOLL MA
■■■■■
13351 MARSEILLE CEDEX 5

Saint Geniez, le 22 février 2008

Objet : votre courrier du 18 février 2008 pour rassemblement des nations du 06 juin 2008

Monsieur,

Nous avons bien reçu votre courrier du 18 février courant.

Il me semble qu'avant de nous inviter, il serait bon de nous demander l'autorisation pour organiser une telle manifestation car vous n'êtes sans doute pas sans savoir les responsabilités qui incombent au Maire d'une commune lors de rassemblement de nombreuses personnes et de plus, **si bon nombre d'extraterrestres se joignent à ce rendez-vous, il nous faudra appréhender un service de sécurité adéquat, car nous ne connaissons pas les réactions éventuelles de ces derniers !**

Dans l'attente de régulariser cette situation ensemble, je vous prie de croire, Monsieur, en mes salutations les meilleures.

Le Maire
Michel MANCEAU

69

6

L'Arrivée Humanoïde

6.1 LA CONFIRMATION

FRANCE, Domicile, 31 mars 2021 (70 ans)

J'ai délaissé depuis bien longtemps mes sorties nocturnes, fort de savoir que je devais trouver plus d'informations dans le code donné par les dates des observations. Ces derniers m'ont appris que je pouvais avoir un contact visuel. Engager un dialogue mental avec eux en ayant pour toute réponse qu'un phénomène lumineux dans le ciel étoilé. Il n'était plus question de voir un engin silencieux se présenter devant moi au-dessus du sol. Les seuls moments où je me présentais sous les étoiles pour faire le point furent mes soirées les 6 juin de chaque année au Rocher de Dromon.

Ce n'est qu'en 2021 qu'un nouveau protocole de communication plus sérieux s'est mis en place. Lorsque regardant le ciel dans une bonne condition mentale mes yeux se détournent vers un éclair argenté. De forte luminosité de 10 fois au moins supérieure à celle de Sirius l'étoile la plus brillante.

Au début je n'y prenais pas trop garde comme endormi. Mon mental semblait ne pas vouloir s'habituer. Il semble qu'ils prennent beaucoup de précautions pour ne pas rendre fou l'observateur. Ce n'est qu'après avoir vu plusieurs passages lumineux de boules argentées passant au-dessus de ma maison que je pris pour acquis ce processus de communication pas trop engagé. Ces derniers envoyant un éclair argenté puissant qui disparait une seconde après. L'éclat revenait sous la forme d'une boule lumineuse de couleur jaune, se déplaçait perpendiculairement à sa trajectoire initiale clignotant trois fois. La durée était d'une dizaine de secondes.

Les calculs de leur arrivée coïncident au 6 juin 2022. Il me fallait avoir une conformation. Un soir je regardais la constellation d'Orion. Pensant à leur arrivée à cette date, soudainement un puissant éclair argenté apparut à sa gauche. Puis, plus rien la lumière s'était évanouie. Une autre lumière apparut au même endroit de couleur jaune qui se déplaça et s'éteignit. Puis enfin une troisième lumière rouge plus petite qui disparut pour de bon.

Voilà ! Le contact est bien pris. Je m'attends maintenant à tout. Je vis continuer dans ce nouveau protocole qui d'ailleurs à été celui du début des années 1975 à 1977. Maintenant ils ne sont plus très loin ! Leur engagement se précise de plus en plus.

6.2 CONTACT HUMANOÏDE

FRANCE, Domicile, 12 juillet 2021 (70 ans)

Réveillé à nouveau par un être étrange. Il se tient à droite du lit. Il me regarde avec un grand sourire. J'essaye de bouger mon bras dans sa direction mais je n'y arrive pas.

Sa corpulence est assez frêle. Peu de musculation apparente. Cependant une sorte de malformation de la tête. Il ressemble entièrement à un humain sauf que sa tête est bien plus large que celui d'un être humain. La hauteur de sa tête n'est pas en harmonie avec sa largeur, et le menton se termine en pointe. Ses yeux sont légèrement gros. Une bouche normale.

Le contact n'a pas duré plus de cinq secondes. Mais le choc est suffisant.

Est-ce un extraterrestre en ce cas il ressemble étonnamment à un Terrien. Ce dernier est capable d'entrer dans pièce sans fracas.

Est-ce un maitre ascensionné ?
Un Maître Ascensionné est un Être qui a réalisé sa Perfection, et s'est accordé avec le Plan Divin. Il peut décider de poursuivre sa voie personnelle dans les sphères de Lumière ou rester sur son octave en maintenant son lien avec les Humains pour les soutenir dans leur propre parcours jusqu'à leur libération.

En ce cas cela voudrait dire qu'Extraterrestres, Maîtres Ascensionnés et diverses apparitions astrales sont des concepts qui se mêlent à celui de Lucifer. Quand est-il aussi de ce dernier ? Existe-t-il une ou plusieurs relations qui les units pour la gouvernance de notre monde ?

6.3 VAISSEAU EN VUE

FRANCE, Domicile, 10 aout 2021 (70 ans)

Ce contact visuel avec des lumières dans le ciel m'interpelle. D'autant plus que je suis fortement agacé de me laisser surprendre par les satellites qui envoient régulièrement des éclats de lumière assez éblouissants. C'est pourquoi avant de prendre un sommeil réparateur au-dehors et dans la nuit, je reste un long moment assis sur une chaise à la recherche d'une nouvelle preuve visuelle plu pertinente.

Je pense à cet être humanoïde venu la nuit me regarder dans mon lit. J'étais regardé par cet individu au regard et au sourire bienveillant. En cet instant précis je vois dans le ciel une sorte de vaisseau tout blanc brillant qui reste sans bouger pendant trois secondes, et disparaît.

Le protocole de communication est assez déroutant pour l'instant. Mon cerveau paraissant être en phase avec l'être humanoïde et la capacité de ce dernier re rendre visible son vaisseau. De cette remarque l'on peut croire que les vaisseaux extraterrestres sont capables de se promener au-dessus de la planète sans être observé. Je pense qu'il se camoufle dans un plan vibratoire de niveau astral. Comme l'a été la venue de cet humanoïde dans ma chambre.

Plus de doute un satellite ne fait pas cela d'autant plus que la dimension de l'objet atteignait le quart du diamètre de la Lune dans sa position aphélique.

Nous sommes plus très loin de 2022. Il est temps que la rencontre s'effectue pour le bien de tous. Surtout pour notre planète qui ne nous supporte plus !

6.4 PLUS DE DOUTE

FRANCE, Domicile, 13 août 2021 (70 ans)

Nous sommes le vendredi 13 août vers les 11h30 du soir. Semblant être devenu une habitude je prends position dans mon jardin. Assis sur un fauteuil de table je contemple les étoiles. Une pensée saugrenue me fait croire que la meilleure heure serait 2h00 du matin. Je n'attendrais pas ce moment bien que j'aie commandé sur internet un réveil à cloche pour me réveiller à cette heure tardive. Enfin je prends plaisir à penser à l'être humanoïde présent dans ma chambre. Ce serait bien si cela pouvait être la clé de la rencontre. Mon esprit est calme et le corps reposé. Je vois plein des lumières dans mon champ de vision, ce sont les étoiles. Deux d'entre elles sont très brillantes car des planètes. Je les délaisse pour regarder en haut devant moi, cherchant le coin du ciel de ma dernière apparition. Le doute persiste sur l'objectivité de la vision d'un vaisseau. Je suis fortement en demande voulant que se reproduise le phénomène pour me donner plus d'assurance.

Un petit éclat argenté détourne mon regard. Je l'ai bien vu, mais le ciel reste serein dans sa noirceur. Un deuxième éclat plus fort durant une seconde. Puis toutes les trois secondes à nouveau l'éclat qui si déplace dans tous les directions. Parfois deux éclats ensemble. Par trois fois une boule jaune se déplace au niveau du sol à cinq cents mètres au-dessus de la colline.

Enfin le contact visuel se fait plus présent. Il interagit avec moi sans aucun complexe. On dirait qu'il m'apprivoise pour une rencontre plus formelle. Oui je me prépare. Ils sont là !

6.5   C'EST PERMIS !

FRANCE, Domicile, 14 août 2021 (70 ans)

Pourquoi ne pas recommencer la nuit à attendre leur apparition ? J'ai cependant informé une personne de ce contact extraordinaire. Je suspecte que cela pourrait entraver la suite des évènements. Ces derniers pouvant demeurer cachés. Mais il n'en est rien, à peine assis sur ma chaise depuis deux minutes qu'un éclat jaune apparait au-dessus de ma tête dans le ciel. Cela ressemble à une sorte d'ovale assez gros. La lueur se rétrécit. Il s'échappe de celle-ci un petit vaisseau qui se déplace quelque peu et disparait.

C'est parfait ! Je peux donc continuer à en parler. Toutefois cela fera le dernier ajout dans mon livre et la dernière version portant le numéro 3.0.

6.6 ASHKERU DE SIRIUS B

FRANCE, Domicile, décembre 2021 (70 ans)

Consultant Amazon je vois devant moi à l'écran de mon ordinateur la couverture d'un livre « Le cadeau des étoiles » ou anciennement titré « Le don des étoiles ». Je reste toujours très suspicieux pour l'achat de mes livres. La disposition des deux têtes ne rend pas harmonieuse la première de couverture. La petite tête jaune semble me parler. Je me sens agressé. Derechef je ferme le site désirant ne plus regarder ce livre.

Pendant deux semaines je reste choqué par cette étrange apparition. Totalement imprévisible et de surcroit incroyable, même impensable. Comment mon ordinateur a-t-il pu être modifié de la sorte. Y aurait-il eu une réelle intervention extérieure dont je n'arrive pas à comprendre. Enfin je peux remarquer que seule la carte graphique peut être modifiée. La petite tête était jaune se serait composée avec l'image de l'ovni jaune lui aussi. Il s'agirait alors d'une simple manipulation mentale sur un dispositif électronique.

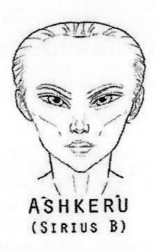

ASHKERU
(SIRIUS B)

Pour mettre un terme à cette énigme je me force à acheter le livre. Je découvre abasourdi les caractéristiques physiques de l'humanoïde venu auparavant me voir dans ma chambre. Ce qui valide ma rencontre car aucun auteur de science-fiction, dessinateur ou cinéaste n'ont produit dans leurs oeuvres ce visage singulier.

6.7   LE MERKABA

FRANCE, Domicile, janvier 2022 (70 ans)

Chaque personne possède un MerKaBa. Le MerKaBa est un véhicule inter-dimensionnel qui vous permet de se déplacer d'une dimension à l'autre et de voir ce qu'il s'y passe. Son apprentissage est simple même trop simple car la tendance à se tromper dans la visualisation du procédé est parfois immédiate. Revenir lire la technique après plusieurs jours est utile.

Je vous invite à consulter la page internet suivante :

https ://esoterisme-exp.com/File_manuscrit/1109-manus/1109_manuscrit.inc.htm

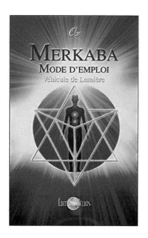 

L'être humain est dimensionnel. Comprendre que ce que nous vivons en ce moment sur la planète est une expérience nécessaire à notre évolution spirituelle. Notre remontée vers la source est tracée dès notre chute dans la matière. Nous devons passer par diverses dimensions. Connues et exploitées par toutes sortes d'entités ou de créatures extraterrestres, bonnes ou mauvaises. Je vous conseille de pratiquer "Le char de lumière" dans votre lit avant de vous endormir, car c'est aussi le moment pour le mental de s'arrêter de tourner. Les visions viendront alors à vous en couleurs et animées. Ne pas oublier qu'une copie dimensionnelle de votre corps se déplace. Vous êtes à la fois dans votre lit et dans un autre endroit sélectionné par vous à l'avance.

7
Un Maître-du-Monde annoncé

Liste des chefs d'État rencontrés : Suramarit (Roi du Cambodge), Charles de Gaulle (Président de la République Française), George Pompidou (Président de la République Française), Didier Ratsiraka (Président de la République de Madagascar), Valérie Giscard d'Estaing (Président de la République Française), Jimmy Carter (Président des États-Unis), Georges Bush (Président des États-Unis), Rénier III (Prince de Monaco), François Mitterrand (Président de la République Française) , Jacques Chirac (Président de la République Française), Albert II (Prince de Monaco), Nicolas Sarkozy (Président de la République Française).

7.1 DEVENIR LE MAÎTRE DU MONDE

FRANCE, Luçon, 1972 (21 ans)

En permission (service militaire), je retourne en Vendée voir ma grand-mère. En balade le long de la cathédrale, je suis mentalement questionné.

— **Veux-tu devenir le Maître du Monde ?**

Je suis pris de très haut et de court. Je ne comprends pas cette question. Elle est en décalage avec ce que je vis en ce moment. Ce rôle me paraît tellement surréaliste que répondre par l'affirmative me semble être lourd de conséquences. Dans les années suivantes, j'ai toujours eu cette idée en toile de fond.

Lentement, elle s'est introduite dans mon mental pour me préparer au cas où !

7.2   ULTIMATUM AUX CHEFS D'ÉTATS

FRANCE, Bouc-Bel-Air, 1980 (29 ans)

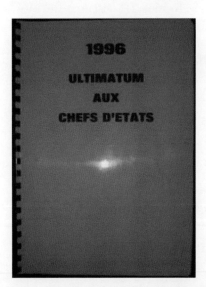

À quoi cela sert-il d'être contacté si l'on ne fait rien de sérieux pour avertir les autres en témoignant ? Je suis placé au pied du mur. Je dois envisager d'y réfléchir rapidement. Au regard de ce qui se passe dans le monde, notamment la création de superstructures comme l'Europe. La route doit se prendre en sens inverse. Unir les nations ne sert jamais les intérêts de l'homme. C'est le contraire qu'il faut faire. Tout casser, fracasser les multinationales, éclater les pays en région, établir des règles de gestion beaucoup plus draconiennes, que celles qui prévalent en ce moment. L'organisation du monde actuel ne sert qu'une fausse élite égoïste et perverse. Pourquoi ne pas créer le poste de

Maître du Monde ? J'achète deux machines qui me permettent de publier sur papier offset. Non, sans mal, cette machine, je l'apprends plus tard, servait à un faux-monnayeur de Marseille. En effet, un inspecteur de police me rend visite pour que je lui montre toutes les plaquettes de papier devant être conservées.

Je rédige un dossier justifiant l'intérêt d'un Maître du Monde. Je l'envoie à tous les chefs d'État de la planète et aux chefs religieux. Je le diffuse auprès de tous les députés de France et le publie dans le sud de la France sous la forme d'un petit livre jaune. Le fascicule écrit est, je le reconnais maintenant, très maladroit. De plus, je l'entache d'une menace apocalyptique qui débutera en 1998 (666x3), point de départ d'une nouvelle guerre mondiale. Je demande à tous les chefs d'État et de gouvernement de reconnaître Antoll MA comme Maître du Monde. Aucune réponse ne me parvient. Je ne possède pas de bureau pour indiquer une adresse fixe. J'ai bien demandé une boîte postale à La Poste, mais celle-ci me la refuse. Je me contente alors de la poste restante d'Aix-en-Provence. Je me rends quelquefois au guichet. J'abandonne, en l'absence de courrier.

Mort de mon père 1996 : Cette année, mon père meurt d'une infection du sang.

7.3 DAUPHINÉ ET NOUVEAU DÉTECTIVE

FRANCE, Aix-en-Provence, Sisteron, 2007 (56 ans)

Ici, on touche le fond de la veulerie, avec le Dauphiné des Alpes de Hautes Provence. Le 6 juin 2007, l'équipe me semblait impatiente et posait des questions dans tous les sens. Bien sûr, c'était téléguidé. Ils étaient présents. Le journaliste, au vu des questions intéressantes, me laissait supposer un sérieux et un professionnalisme de rigueur. La photographe n'a pas arrêté de mitrailler. Le journal n'en a retenu qu'une photo, la plus ridicule possible, avec des gants roses en plastique. Sous la pluie, il faisait froid. Dans les éléments défavorables, il fallait tout couvrir, tête, corps, membres, pieds. Le caoutchouc assure l'étanchéité des pluies les plus glacées. Les commentaires étaient consternants de débilité.

Journal Dauphiné Libéré

ALPES-DE-HAUTE-PROVENCE Tous les 6 juin, il les guette…

L'homme qui attend les extra-terrestres

Il se dit ingénieur informatique au chômage et s'imagine en `maître du monde`. Depuis 1975, Antoll Ma passe les nuits du 6 juin dehors, à espérer un contact avec ces êtres venus d'ailleurs. Photo A. B.

À travers champs, la lumière de la lampe tressaute au fur et à mesure des bonds qu'il effectue dans le pré trempé de pluie. Il s'approche de la route où on l'attend. Le voilà, Antoll Ma qui surgit dans la nuit. Cape sur les épaules, sacs plastiques sur les godasses, casquette et gants de vaisselle rose.

Tous les 6 juin, l'homme passe la nuit dehors à attendre un signe des extra-terrestres. Depuis 1975, où à cette date fatidique, il a vu une lumière rouge apparaître dans le ciel au-dessus de lui. Depuis, d'autres lumières lui sont apparues à la même date. Mais pas chaque année. "Il a fallu que je rouspète" dit le mage.

Allez, les extra-terrestres qui débarquent un 6 juin, c'est pas un peu charrier! Et pourquoi pas Eisenhower en amiral des soucoupes volantes, aussi. "Ne rien pas, tout est lié" répond-il. Ah !

Le mythe de Théopolis
Cette année, il a choisi le rocher de Dromonau-dessus de Saint-Genies (Alpes-de-Haute-Provence), un coin perdu du massif des Monges, pour lancer ses messages. Le site excite particulièrement les amateurs d'étrange. Le préfet des Gaules Dardanus y est passé au 5ème siècle. Il a laissé un message sur une "Pierre écrite", disant qu'il a fait tailler dans la montagne un chemin pour se rendre sur le lieu de "Théopolis", la cité des Dieux.
De Nicolas Sarkozy, le nouveau président de la République au maire de Saint-Genies, Antoll Ma a averti toutes les autorités de sa tentative de nouer un contact mondial avec les extra-terrestres.

Deux gendarmes, un agent des renseignements généraux, trois journalistes, et les occupants éberlués de la ferme voisine ont fait le déplacement. Mais pas le public escompté.

Élu par les aliens
Sur sa colline, l'homme aux gants de vaisselle lit ses messages incantatoires. Les "ET" lui ont soufflé son mystérieux nom, mais aussi qu'ils l'élisaient "maître du monde". Antoll Ma s'y prépare. Comment ? "Avec l'estomac. Mais aussi le cœur et l'intellect."

"Si les extra-terrestres arrivent, ce sera le grand chambardement. Je découpe la planète en petits états, un peu comme les États-Unis. L'Europe c'est catastrophique et l'euro m'a rendu encore plus misérable qu'avant." Et puis, le Maître du monde laissera sa place tous les deux ans par cooptation à quelqu'un du sexe opposé. Mais il faudra qu'il ait entre 50 et 60 ans.
Ainsi donc le futur maître du monde serait villieriste, fédéraliste, gérontocrate et pour l'alternance et la parité.

Une consœur casse le mythe: "Et vos gants, c'est des Mapa !".
Minuit approche. "C'est l'heure où ils viennent d'habitude. " On va le laisser alors.
Le futur maître du monde est courtois. Il remercie les gendarmes, salue le flic des RG, dit bonsoir à la dame et s'apprête à reprendre son poste.
On reste un peu, on écarquille les yeux. On est venu, on n'a pas vu d'extra-terrestres. Sauf lui.

Lionel ARCE-MENSO

À travers champs, la lumière de la lampe tressaute au fur et à mesure des bonds qu'il effectue dans le pré trempé de pluie. Il s'approche de la route où on l'attend. Le voilà, Antoll MA qui surgit dans la nuit. Cape sur les épaules, sacs plastique sur les godasses, casquettes et gants de vaisselle rose. Tous les 6 juin, l'homme passe la nuit dehors à attendre un signe des extraterrestres. Depuis 1975, où à cette date fatidique, il a vu une lumière rouge apparaître dans le ciel au-dessus de lui. Depuis, d'autres lumières lui sont apparues à la même date. Mais pas chaque année. Il à fallu que je rouspète dit le mage. Allez, les extraterrestres qui débarquent un 6 juin, c'est pas un peu charrier ? Et pourquoi pas Eisenhover en amiral des soucoupes volantes aussi. "Ne riez pas tout est lié" répond-il. Ah !

Le mythe de Théopolis *Cette année, il a choisi le Rocher de Dromon au-dessus de Saint-Geniez (Alpes-de-Haute-Provence), un coin perdu du massif des Monges, pour lancer ses messages. Le site excite particulièrement les amateurs d'étrange. Le préfet des Gaules Dardanus y est passé au Vème siècle. Il a laissé un message sur une "Pierre écrite", disant qu'il a fait tailler dans la montagne un chemin pour se rendre sur le lieu de "Théopolis", la cité des Dieux. De Nicolas Sarkosy, le nouveau président de la République au maire de Saint-Geniez, Antoll MA a averti toutes les autorités de sa tentative de nouer un contact mondial avec les extra-terrestres. Deux gendarmes, un agent des renseignements généraux, trois journalistes et les occupants éberlués de la ferme voisine ont fait le déplacement. Mais pas le public escompté.*

Élu par les aliens *Sur sa colline, l'homme aux gants de vaisselle lit ses messages incantatoires. Les "ET" lui ont soufflé son mystérieux nom, mais aussi qu'ils l'éliraient "maitre du monde". Antoll MA s'y prépare. Comment ? "Avec l'estomac. Mais aussi le cœur et l'intellect". "Si les extra-terrestres arrivent, ce sera le grand chambardement. Je découpe la pla-*

nète en petits états. L'Europe c'est catastrophique et l'euro m'a rendu encore plus misérable qu'avant". Et puis le Maître du monde laissera sa place tous les deux ans par cooptation à quelqu'un du sexe opposé. Mais il faudra qu'il ait entre 50 et 60 ans. Ainsi donc le futur maître du monde sera ..., fédéraliste, gérontocrate et pour l'alternance et la parité. Une consoeur casse la mythe : « Et vos gants, c'est des Mapas ? ». Minuit approche. "C'est l'heure où ils viennent d'habitude". On va le laisser alors. Le futur Maître du monde et courtois. il remercie les gendarmes, salue le flic des RG, dit bonsoir à la dame et s'apprête à reprendre son poste. On reste un peu, on écarquille les yeux. On est venu, on a pas vu d'extra-terrestres. Sauf un.

Le Nouveau Détective a été plus courtois. Il m'a prévenu que le texte serait satirique. Que ne ferait-on pas pour passer à la télé ou dans les journaux ?

Magazine Le Nouveau Détective

« Je suis Antoll MA, le futur Maître du Monde ».
Jusqu'au 6 juin 1975, Antoll MA, ingénieur informatique, menait une vie paisible dans le sud de la France. Mais, ce jour-là, sa vie bascule. Il rencontre des extraterrestres qui lui confient une lourde tâche : devenir le maître du monde ! Explications :

■ *Racontez-nous ce premier contact avec les extraterrestres...*

- C'était le 6 juin 1975, à Saint-Geniez, dans les Alpes-de-Haute-Provence. j'ai vu une lumière rouge dans le ciel ; une sorte de boule qui me fonçait dessus. J'ai eu très peur, mais elle s'est arrêtée à quelques mètres de moi. Et après je ne me souviens plus de rien...

■ *Comment pouvez-vous dire qu'il s'agissait d'une "rencontre du troisième type" ?*

- Simplement parce que les extraterrestres procèdent

toujours de cette manière : ils effacent de la mémoire humaine le moment de la rencontre. Mais au bout de deux ans, des images sont revenues en tête. Dans mes souvenirs, je visualise des petits hommes gris avec une grosse tête. Ils mesurent environ 1m60 et communiquent par télépathie.

■ *Que vous ont-ils dit ?*

- Ils m'ont d'abord soufflé le nom d'Antoll MA, qui en numérologie est identique à celui de Jésus-Christ. ils m'ont aussi proposé de m'élire Maître du Monde. Mais vous savez, à 56 ans, je n'ai plus que quatre ans pour le devenir.

■ **Parce qu'il y a une restriction d'âge pour devenir Maître du Monde ?**

- Bien entendu ! Il faut avoir entre 50 et 60 ans. Mais s'il est trop tard pour moi, j'aurai la responsabilité de nommer le futur maire du monde.

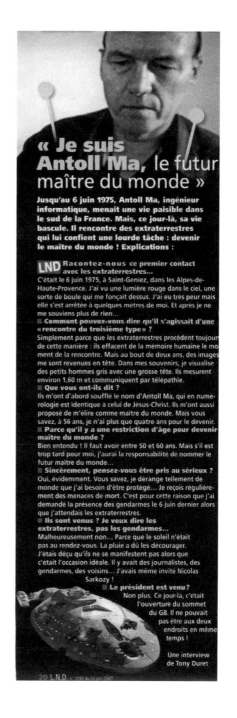

« Je suis Antoll Ma, le futur maître du monde »

Jusqu'au 6 juin 1975, Antoll Ma, ingénieur informatique, menait une vie paisible dans le sud de la France. Mais, ce jour-là, sa vie bascule. Il rencontre des extraterrestres qui lui confient une lourde tâche : devenir le maître du monde ! Explications :

LND Racontez-nous ce premier contact avec les extraterrestres...
C'était le 6 juin 1975, à Saint-Geniez, dans les Alpes-de-Haute-Provence. J'ai vu une lumière rouge dans le ciel, une sorte de boule qui me fonçait dessus. J'ai très peur mais elle s'est arrêtée à quelques mètres de moi. Et après je ne me souviens plus de rien...
■ **Comment pouvez-vous dire qu'il s'agissait d'une « rencontre du troisième type » ?**
Simplement parce que les extraterrestres procèdent toujours de cette manière : ils effacent de la mémoire humaine le moment de la rencontre. Mais au bout de deux ans, des images me sont revenues en tête. Dans mes souvenirs, je visualise des petits hommes gris avec une grosse tête. Ils mesurent environ 1,60 m et communiquent par télépathie.
■ **Que vous ont-ils dit ?**
Ils m'ont d'abord soufflé le nom d'Antoll Ma, qui en numérologie est identique à celui de Jésus-Christ. Ils m'ont aussi proposé de m'élire comme maître du monde. Mais vous savez, à 56 ans, je n'ai plus que quatre ans pour le devenir.
■ **Parce qu'il y a une restriction d'âge pour devenir maître du monde ?**
Bien entendu ! Il faut avoir entre 50 et 60 ans. Mais s'il est trop tard pour moi, j'aurai la responsabilité de nommer le futur maître du monde...
■ **Sincèrement, pensez-vous être pris au sérieux ?**
Oui, évidemment. Vous savez, je dérange tellement de monde que j'ai besoin d'être protégé... Je reçois régulièrement des menaces de mort. C'est pour cette raison que j'ai demandé la présence des gendarmes le 6 juin dernier alors que j'attendais les extraterrestres.
■ **Ils sont venus ? Je veux dire les extraterrestres, pas les gendarmes...**
Malheureusement non... Parce que le soleil n'était pas au rendez-vous. La pluie a dû les décourager. J'étais déçu qu'ils ne se manifestent pas alors que c'était l'occasion idéale. Il y avait des journalistes, des gendarmes, des voisins... J'avais même invité Nicolas Sarkozy !
■ **Le président est venu ?**
Non plus. Ce jour-là, c'était l'ouverture du sommet du G8. Il ne pouvait pas être aux deux endroits en même temps !

Une interview de Tony Duret

20 L.N.D. n° 1292 du 20 juin 2007

87

■ **Sincèrement pensez-vous être pris au sérieux ?**

- Oui, évidemment. Vous savez, je dérange tellement de monde que j'ai besoin d'être protégé... Je reçois régulièrement des menaces de mort. C'est pour cette raison que j'ai demandé la présence des gendarmes le 6 juin dernier alors que j'attendais les extraterrestres.

■ **Ils sont venus ? Je veux dire les extraterrestres pas les gendarmes...**

- Malheureusement non... Parce que le soleil n'était pas au rendez-vous. La pluie a dû les décourager. J'étais déçu qu'ils ne se manifestent pas alors que c'était l'occasion idéale. Il y avait des journalistes, des gendarmes, des voisins... J'avais même invité Nicolas Sarkosy !

■ **Le président est venu ?**

- Non plus. Ce jour-là, c'était l'ouverture du sommet du G8. Il ne pouvait pas être au deux endroits en même temps !

7.4 MÉDIOCRITÉ DU JOURNALISME

FRANCE, Saint-Geniez, 2007 (56 ans)

Tu as ici exposé la preuve flagrante du cynisme des journalistes. Ils ont falsifié les informations que je leur avais données. Jamais je n'ai reçu des menaces de mort. Tourné au ridicule, ma démarche. Transformé mon engagement courageux en personnage simplet. Ce 6 juin 2007, il n'y avait personne vu que c'était un essai pour vérifier la faisabilité du projet.

Tout cela m'a appris qu'il ne faut pas impliquer les journalistes dans des histoires qui les dépassent. Je ne pense pas pouvoir les compter dans une aventure qui passe au-dessus de leurs têtes.

Réponse de l'ambassade de la Côte d'Ivoire
Monsieur,

Par lettre en date du 07 février 2008, vous avez bien voulu convier le Chef de l'État de Côte d'Ivoire à vous rejoindre le 06 juin 2008 à Théopolis pour l'accueil des extraterrestres.

Je voudrais, en retour, vous faire avoir que la teneur de ladite correspondance n'est pas très explicite.

Je vous demande, par conséquent, de bien vouloir me communiquer, à votre plus proche convenance, de plus amples informations permettant de mieux cerner tous les contours de cette rencontre.

Veuillez agréer, Monsieur, l'expression de ma considération distinguée.

AMBASSADE DE CÔTE D'IVOIRE
EN FRANCE

L'Ambassadeur

PARIS, LE 1 8 FEV. 2008

N° 128 /RB/THE/Ds

Monsieur,

Par lettre en date du 07 février 2008, vous avez bien voulu convier le Chef de l'Etat de Côte d'Ivoire à vous rejoindre le 06 juin 2008 à Théopolis pour l'accueil des extraterrestres.

Je voudrais, en retour, vous faire savoir que la teneur de ladite correspondance n'est pas très explicite.

Je vous demande, par conséquent, de bien vouloir me communiquer, à votre plus proche convenance, de plus amples informations permettant de mieux cerner tous les contours de cette rencontre.

Veuillez agréer, Monsieur, l'expression de ma considération distinguée.

L'Ambassadeur

Pierre Aimé KIPRE

MONSIEUR ANTOLL MA
████████

13351 MARSEILLE CEDEX 5

102, avenue Raymond Poincaré 75116 PARIS Tél. : ████████ Télécopie : ████████

89

7.5   FAUT-IL UN MAÎTRE-DU-MONDE ?

Il faudrait mieux dire pourquoi ? Nous porterions tout de suite nos regards sur la totalité de nos dirigeants actuels sans exception. Les guerres ne se sont jamais arrêtées. La géopolitique détermine la nécessité de les engager pour s'ouvrir des ressources majeures dans le développement des nations. Les pays européens l'ont bien compris pour ne pas voir à se batailler entre eux. Certains sont passés maîtres du jeu en menant des guerres d'étouffement géographique, économique, infiltration, déstabilisation, encerclement ... Imaginez s'il y avait un seul homme à la tête du monde, gérant son économie et son partage des ressources, combattant sans cesse à deux mains la corruption à tous less étages.. Utopie tout cela ! En effet comment actuellement un personnage pour l'instant, c'est-à-dire maintenant peut-il devenir un Maître-du-Monde ? Par quel système d'élection cela se produirait, ou par quel ensemble de contraintes politiques s'en émergerait-il un ? Du rêve oui ! Il serait judicieux de dire « faut-il un sauveur ? ». Un sauveur du style « Jésus-Christ ». Une personne élue par un pouvoir dépassant toutes les autorités des dirigeants des nations. En ce cas la question suivante serait « comment le deviendrait-il ? » Tout simplement par une reconnaissance populaire. Fécondée par une intention spirituelle de haut niveau. Validée par des agents cosmiques partenaires dans la pensée de gérer avec amour planètes et habitants. Ce sauveur, ce Maître-du-Monde n'est-il pas déjà là ? Que faut-il pour éclairer les habitants de cette planète ? Que faut-il pour les extraire de leur nuit ? Ne veulent-ils pas relever leur tête au lieu de la baisser pour marcher ? Qu'elle aide leur sera-t-elle donnée pour les éveiller ?

POUR ÊTRE IL FAUT VOULOIR OSER ET ASSUMER

L'essentiel du livre que je voulais écrire est terminé. Je le complète en annexe avec quelques pièces importantes que j'ai extraites de mon premier volume. Il n'y a pas de structures logiques dans la présentation des faits. Simplement une succession de témoignages localisés et datés.

8

Souvenirs

8.1 MESSAGE PROPHÉTIQUE

Au moment de commencer mon premier livre (Fils de Lucifer et enfant de Satan), je reçois des mains de ma mère un petit cahier avec des dessins. Elle me dit prend, c'est le tien. Ce cahier date de 1957 quand j'étais à la petite école. Le redécouvrant je m'étonne de la profondeur de ces textes de gamin que je relis pour la première fois...

« Nous sommes tous dans un train
et les freins sont cassés »

C'est un peu ce qui se passe en ce moment avec notre monde qui roule tête baissée dans un futur incertain sans trouver quelqu'un pour arrêter sa course devenue folle.

Le cahier a été réalisé sans conditionnement extérieur, dans la belle ville d'Arcachon en France. Il ne me semble pas que le titre soit de moi, seulement donné pour servir de thème à l'imagination. Par contre, les dessins et textes le sont bien. Je te livre les pages du petit cahier.

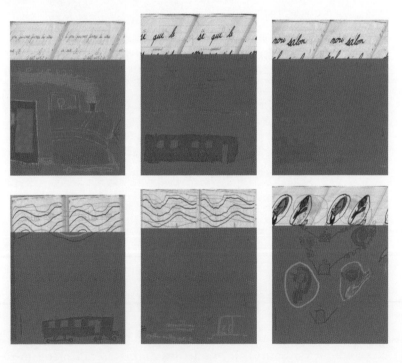

94

— Les gens peuvent fermer les vitres. Oh! c'est le soir.

— Ce que les gens peuvent attacher vos ceintures de sécurité.

— Nous allons déclencher le frein.

— Attention les freins qui sont cassés.

— OH! OH!

Ce cahier décrit un monde devenu instable et dangereux entrant dans une catastrophe générale. Comme le nôtre où maintenant, l'homme se dresse contre lui-même. Personne ne peut arrêter cette escalade de violence déferlant comme des séries de vagues un peu partout dans le monde.
Je suis maintenant capable d'apporter la touche finale qui manquait à cette œuvre d'enfant. Comment ai-je pu manifester si tôt cette vision d'un monde dans lequel je vis comme toi en ce moment ?

Tu rencontreras dans ta lecture ce petit signe (~) qui termine le titre d'un témoignage. Cet indicateur est placé là pour te signifier que ce n'est pas un souvenir mais une rétrocognition mentale. Des événements dans le passé se sont produits, mais ont été pour une raison protectrice, refoulés par le cerveau dans l'inconscient. Par la pratique de longues heures de méditation, ils me sont revenus à la conscience par des images, des conversations que j'ai pu retranscrire. Ces rétrocognitions ont débuté en 1973 au retour de mon service militaire. Elles se sont étalées sur plusieurs années.

8.2   LUMIÈRE DANS LE CIEL ~

FRANCE, Arcachon, 1957 (6 ans)

Église Saint-Ferdinand   École maternelle

Mon père revient de la guerre d'Indochine. Nous retournons
en France métropolitaine. Arcachon nous accueille. Dans cette
petite ville adorable, je fais l'apprentissage de l'enfance. Nous y
séjournons deux ans, le temps pour moi de faire ma maternelle
et première année de cours préparatoire. Je passe devant une
église, munie d'un très haut clocher. Un jour, je suis surpris par
une lumière jaune, très haut dans le ciel. Elle atteint presque
le sommet du clocher. Cette Lumière souhaite que je garde le
silence sur sa présence. Je n'en parle à personne. Par trois fois,
je continue à la distinguer en passant devant l'église. Je n'ai
jamais revu cette lumière au-dessus du clocher.

Manipulation ou Bienveillance.   Le clocher de l'église Saint-
Ferdinand est une rareté en Europe. Sa rénovation s'est ter-
minée en 2016. Pour quelles raisons, une lumière peut-elle se
manifester au-dessus d'un clocher d'une l'église devant un gamin ignorant de tout ? Bien entendu, je me suis entretenu plus
tard de cette apparition à mes parents. J'ai compris qu'il valait
mieux garder le silence. S'en tenir tout simplement à l'observation sans chercher à l'expliquer autrement que par un ressenti

entièrement personnel. Oui! Quelque chose de bizarre venait de commencer ce jour-là. L'année de mes six ans devint ainsi la première année de mes observations, ainsi que le commencement de mes turpitudes mentales.

8.3 ÉTOILE MYSTÉRIEUSE

CAMBODGE, Phnom-Penh, 1958 (7 ans)

Éditions Casterman

Tintin et Milou font, bien entendu, partis de mes bandes dessinées préférées. Chaque album est une mine d'informations et me fait découvrir le monde différemment. Je dévore « L'étoile mystérieuse ». Je suis surpris par le profil de prophète, tout de blanc vêtu. Il donne constamment l'alarme, sur l'imminence de la fin du monde, laissant les gens dans l'indifférence la plus totale, malgré les événements apocalyptiques. Finalement, j'en déduis que ce personnage ne possède pas toute sa tête. J'entends une voix intérieure qui me dit :

— **Tu seras le dernier prophète.**

J'entendrai cette voix à plusieurs reprises. J'ai émis des doutes sur cette affirmation. Cela m'inquiète pour l'avenir. Je ne me vois pas « jouer guignol », pour des gens qui ne veulent rien apprendre.

Prophète. *Désigne une personne qui tient, d'une inspiration que l'on croit être divine, la connaissance d'événements à venir* *et qui les annonce par ses paroles ou ses écrits.*

Selon le ressenti que j'ai eu en lisant la bande dessinée de Hergé, je suis le dernier prophète de Dieu. Les prophètes ont une liaison particulière avec le devenir de l'humanité. Malheureusement, les hommes comme à leur habitude donnent plus d'importante au prophète qu'à L'ESPRIT. Le prophète devient alors l'instrument de Satan. Les derniers prophètes ne sont plus là pour faire le ménage, redresser les impies qui ont corrompu leurs paroles, dicter des lois iniques. Satan manipule les hommes bien plus facilement lorsque les prophètes ne sont plus là. Temples, synagogues, églises, mosquées et autres centres occultes ne sont devenus que des lieux de rencontres d'adoration à Satan. Ce dernier se rit bien de l'homme.

L'ESPRIT n'a pas de prophète. Dieu certainement ? Si vous n'êtes pas prophète c'est que vous n'avez pas été choisi par la Bête. La Bête choisit toujours ce qu'il y a de meilleurs dans son troupeau. Ceux qui sont proches de L'ESPRIT pour les corrompre à plaisir. Un prophète est l'expression de la Lumière pervertie par les hommes corrompus par Satan. Satan nous maintient dans des comportements avilissants par des rituels bien enracinés dans la conscience des hommes.

Rôle à jouer.   On ne devient pas un prophète les mains dans les poches. Le parcours pour y arriver est d'une extrême violence physique et mentale. Tu ne peux pas entrer dans la cour du divin en ayant une conscience centrée sur la couche malsaine des hommes. Cela peut durer un certain temps, mais à un moment donné les plombs vont sauter avec de belles étincelles. Ce n'est pas un nuage qu'il faut traverser mais un orage. Ce sentiment de devenir prophète ne m'a jamais quitté. Lorsque je rentrais dans une église, je ressentais toujours avec malaise la distance mesurée entre les fidèles qui adoraient une illusion satanique et moi qui les regardait avec curiosité sans rien leur avouer. Cette impression ne m'a jamais quitté où que j'aille chez les bouddhistes, les juifs et les musulmans. Je n'arriverai pas à réduire cet écart même par compassion.

8.4   BOULE DANS LES NUAGE ~

CAMBODGE, Phnom-Penh, 1959 (8 ans)

Nous habitons un immeuble au deuxième étage. Une de mes principales distractions consiste à regarder par la fenêtre de notre cuisine donnant sur l'arrière de la ville. Il n'y a que des paillotes, petites maisons en bois et bambous. Parfois, de gigantesques incendies ravagent tout. C'est là, leur procédé de nettoyer la place, par le feu. Il me prend soudain l'envie de me mettre en position de bouddha, sur le rebord de la fenêtre, à une quinzaine de mètres du vide. Je commence à fixer les nuages. Je ressens une présence intérieure pouvant répondre à mes désirs. Si je le veux, les nuages peuvent se transformer. Je demande alors une grosse boule. Lentement je vois une magnifique sphère se former. Puis, je demande un disque à sa base. Il se profile immédiatement.

Ma première grosse observation.   Grosse surprise de constater une preuve concrète. La nature s'est modifiée. Peut-être était-ce un engin inconnu qui se cachait dans les nuages ? Malheureusement, bien que sa taille fût énorme, je ne pouvais pas le toucher pour savoir s'il y avait quelque chose à l'intérieur. Un protocole insidieux se mettait déjà en place : « Je me montre puis je repars sans te donner une explication ».

La boule des mondes. Mon père revenant de la Thaïlande me rapporte une grosse boule comme un ballon. C'est le globe terrestre. Je découvre l'ampleur de la création. Je reste cependant troublé par la complexité de ses formes. Ce globe représente les nations dans de multiples couleurs. Ce découpage ne m'enchante pas du tout, j'y vois beaucoup de divisions inégales.

8.5   LIRE LA BIBLE

FRANCE, Trïaize, 1963 (12 ans)

Nous nous rendons en Vendée pour les vacances, tous les ans, dans la ferme de mon oncle. Le petit village, proche de la ville de Luçon, se nomme Triaïze. De temps en temps, je pénètre dans le grenier. J'aime bien cet endroit. Planté devant une étagère, mon bras, mécaniquement guidé par une force inconnue, en extrait un livre. Je demande à ma mère la permission de l'emporter. Elle me rétorque que je suis trop petit pour ce type d'ouvrage. Devant mon insistance, elle me propose d'autres fascicules. Je

tourne et retourne ce livre étrange. J'aime sentir son odeur, et en caresser ses pages d'une finesse jamais touchée. J'ignore le contenu de ce vieux grimoire. Je demande à ma mère la permission de l'emporter. Jamais je ne lis rien d'autre que des bandes dessinées. Je comprends plus tard qu'il s'agit de la Bible, Ancien et Nouveau Testament réunis. Je sens intérieurement qu'il faut que je le lise en entier. Je commence. Au bout de neuf mois, j'en termine sa lecture.

Une autre école se présente. Je suis entré de pleins pieds dans la formation occulte d'un autre enseignement. Pourquoi me donner ce livre ? Pour qu'elles raisons dois-je m'obliger à lire l'Ancien Testament, un ramassis de conflits de guerres. Le nouveau semblant effacer le précédent par le témoignage de vie d'un homme qui s'est fait crucifier pour s'être laissé appeler « fils de Dieu » ! Il n'y a pas eu de réponse. On m'a demandé de lire, un point c'est tout ! Il me fallait découvrir l'enseignement de Jésus. Enseignement entièrement rédigé par des hommes. Jonchés de miracles comme pour dire : « Vous voyez ! C'est bien lui le fils de Dieu ! ». Les miracles sont l'œuvre de Satan pour aveugler les hommes. Les rassembler dans des ordres destructeurs de conscience. Je sentais aussi le besoin de m'associer à la vie de Jésus. Un peu comme quelqu'un qui revoie sa vie antérieure. Lentement j'entrai dans sa peau. Peu à peu le mal s'insinuait en moi pour mieux me manœuvrer pour la suite. Je n'ai pas pris garde de cette sourde manœuvre n'ayant pas développé de protection psychologique.

8.6 BOULE DANS LE CIEL ~

FRANCE, Orange, 1965 (14 ans)

Valensole, tout le monde connaît cette histoire : Marius Masse se fait paralyser dans son champ par des petits hommes en combinaison. En apprenant cette terrible nouvelle, je commence à me poser des questions sur la présence de ces êtres chez nous. S'ils peuvent venir sur terre, alors ils sont certainement capables d'y rester, d'en repartir et d'y revenir à volonté.

Une idée me traverse l'esprit. Et si je demandais à mon voisin de rester toute la nuit avec moi sur le toit du garage avec une bougie ?. Il accepte sans réticence. Alors que mon ami laisse filer un flot de paroles, mon regard se dirige vers la noirceur du ciel noir en surplomb. Une boule jaune apparaît. Elle reste un moment sur place pour disparaître quinze secondes plus tard. C'est le choc, intérieurement je me mets à rire. Je suis convaincu d'une présence invisible, tout en doutant de l'existence des extraterrestres.

Belle petite marionnette. Me voilà entré dans les compétences d'un homme de cirque. Le domaine des rôles s'agrandit. Nous avons commencé par une présence, des petites lumières, rempli sa mémoire de textes religieux, la chance n'est qu'un truquage... J'entre dorénavant dans une phase complice, c'est-à-dire que je suis amené à décider par moi-même de déclencher ces phénomènes mystérieux. En réalité ma conscience est quasiment pilotée par une puissance dont j'ignore tout : le pourquoi, le comment, le quand. Enfin je deviens une marionnette docile, ayant accepté de jouer ses rôles sans en avoir véritablement choisi un. Comme je l'ai toujours fait avec ma mère.

8.7 FOUDRE DANS LA MAISON ~

FRANCE, Orange, 1965 (14 ans)

Je suis seul à la maison dans la salle de séjour. Une grande explosion retentit dans la pièce. La surprise est totale. Tous les murs deviennent rouge orangé. Je suis saisie d'une grande frayeur. Se présente, à deux mètres devant moi, une boule de la taille d'un ballon de football. Elle reste immobile, au-dessus du sol, à hauteur de mes yeux. Je me suis laissé dire, qu'une foudre en boule existait, sans pour autant n'avoir été jamais confronté avec ce phénomène. L'immobilité s'impose. Ainsi, l'absence de courant d'air dans ma direction, diminue fortement le risque de me faire foudroyer. La boule n'en a que faire. Elle se déplace et avance lentement dans ma direction. Bon sang, que faire ?. Crier ?. Souffler dessus ?. J'opte pour la seconde solution, sans grand résultat probant. Elle s'arrête à une vingtaine de centimètres de mes yeux. Je ne ressens aucune chaleur. Tout va bien. Il me semble être complètement analysé de la tête aux pieds. Serai-je un objet de curiosité ?. Au bout de trente secondes, elle disparaît, la couleur de la pièce redevenant normale.

La mort vient me chercher. J'ai bien cru que cette boule était venue me tuer, ou me faire disparaître. Ce fut une grosse terreur sur le coup. Pour la première fois, j'étais confronté à une force dont le ressenti dépassait toute mon imagination de gamin.

8.8 SORTIE HORS DU CORPS ~

FRANCE, Aix-en-Provence, 1969 (18 ans)

Je découvre Lobsang Rampa et ses livres. Le troisième œil, les secrets de l'aura, où il indique une technique de sortie hors du corps. Je connais la culture Asiatique. Il n'y a aucun doute pour moi. Tout ce qui est décrit à l'intérieur de ces livres est applicable. Je m'emploie à suivre la méthode de sortie hors du corps. Je m'allonge sur le lit. J'attends sans bouger. Mes jambes commencent à ballotter de haut en bas, en relâchant mes muscles. C'est ce que je crois, je tiens les yeux fermés et je ne vois rien. Toutefois, le lit ne vibre pas.

Éditions Flammarion

Comme je m'obstine, un jour une voix me suggère de ne penser à rien pendant au moins trois minutes. Malgré la difficulté, j'obéis. Deux jours plus tard, je sors de mon corps. Un autre, du côté invisible, me fait en sortir. Je n'ai pas compris pourquoi il le faisait. Sans doute, a-t-il décelé ma motivation ?. Ou possède-t-il une raison cachée pour le faire ?. Je fais quelques sorties, en allant voir de plus près ma prof de math adorée.

Une autrefois, J'entre dans une villa. J'y vois mes voisins faire l'amour dans une pièce, tandis que leurs deux enfants jouent dans une autre. Rapidement je laisse tomber, cela devient perturbant. Je ne suis absolument pas prêt à en assumer les conséquences. Je demande à mon ami de l'invisible de ne pas revenir et de me laisser devenir un humain. J'ai à ce niveau beaucoup de retard.

8.9 MARCHE DE TROP ~

FRANCE, Coëtquidan, 1972 (21 ans)

Quatre mois de préparation disciplinaire à la saint-cyrienne, pour devenir officier et servir six mois dans un régiment. Je fais maintenant partie des EOR. La première étape est passée. Je n'y crois pas d'être là, avec ma blessure toujours douloureuse. Nous faisons notre première marche de jour. Nous sommes les uns derrière les autres. Je décide de partir en avant, pour gagner du temps sur ma blessure. Je suis arrêté par un enfant. Il me demande de ne pas aller plus loin et d'attendre. En y regardant de plus près, il me paraît avoir des traits de visage plus accentués qu'un enfant. Je n'y prête pas garde. Je continue. Mes deux jambes sont entièrement paralysées. Elles me font terriblement souffrir. Je tombe au sol, sur le bas-côté. Ce qui m'ennuie le plus c'est de me montrer dans un tel état, couché par terre devant mes collègues. Peu importe, toute la section passe devant moi et me dévisage. Le pire, j'imagine qu'ils pensent que je ne peux pas tenir l'effort de la marche. Je ne parviens plus à dissimuler ma blessure. J'ai de plus en plus mal. Je reste plâtré pendant une quinzaine de jours. M'excluant ainsi sans le savoir du programme EOR.

8.10 TERRIBLE PROVOCATION

FRANCE, Coëtquidan, 1972 (21 ans)

Je bénéficie de l'estime de mon lieutenant instructeur. Grâce à lui en manœuvre, j'ai pu faire l'expérience de commandement de deux compagnies. Je fais partie des favoris pour devenir major de la promotion. Ma photo fait partie des meilleurs et n'a pas été éliminée de son catalogue. Apparemment, il ne faut pas que cela se passe ainsi. Lors d'une manœuvre, une tête étrange émerge des fourrés. Contrairement à mon opinion première, il ne s'agit pas d'un soldat camouflé. L'être ressemble à un homme, tout en ayant la taille d'un enfant. Je n'arrive pas à distinguer son corps. Il m'envoie un message. Mentalement, je reçois l'ordre de casser ma « cote d'amour » auprès de mon instructeur. Je sais très bien ce que cela signifie. Je ne sais comment m'y prendre. Le message reçu est impératif. J'en assumerai les conséquences.

Ma stratégie s'élabore pour atteindre mon objectif. Je me

prépare un café. Le lieutenant instructeur me demande s'il peut en avoir. Je lui réponds par l'affirmative. Le café prêt, je le bois intégralement. Je tends le bras vers lui et lui présente le quart en le retournant vide devant lui, sans rien dire. Mission accomplie. Le lieutenant me regarde sans laisser passer une réaction émotive. Il s'en retourne sur ses pas. Le lieutenant décide de se venger et de me rendre la monnaie de ma pièce. Il me place dans des situations périlleuses les jours suivants, tels que franchir des arbustes pleins d'épines. Une fois, il me demande de porter un fusil-mitrailleur, pesant son poids. Puis, il me fait traverser un ruisseau, l'eau atteignant mes épaules. J'ignore la présence d'un trou sur le parcours. Fort heureusement, un élève me livre discrètement l'information. Je parviens à lancer le fusil-mitrailleur au sec, sur la berge d'en face, sans éviter pour autant de tomber dans le trou.

Marqué au feu dans la mémoire. Quel homme ferait un geste de cette nature sans raison ? Je venais de recevoir dans le cerveau l'injonction de briser l'entente avec mon instructeur. Tu peux voir ici une intervention claire et nette d'une force invisible pour me diriger vers une destinée définie. L'évidence est établie ! Elle se formalise, mais ne s'explique pas encore.

8.11   SURVEILLANCE CONTINUE

FRANCE, Paris, 1976 (25 ans)

Je commence à être connu puisqu'un jour un jeune homme vient me voir pour me proposer son aide et surtout insister à le faire. Je l'invite à prendre un verre à une terrasse de café pour lui dire que j'ai tout arrêté. Durant la conversation un point bleu extrêmement brillant est apparu sur son front entre ses deux yeux un peu au-dessus de la racine du nez. Comme il continue à parler, je pense qu'il ne sait pas ce qui se passe. Nous nous quittons et je ne lui dis rien soucieux de ne pas le traumatiser. Cette lumière grosse comme une tête d'épingle brillante de mille feux comme d'un diamant me poursuivra tout au long de ma vie.

Marilyn Monroe

Les points bleus. À ce jour, je n'ai encore aucune explication à donner sur la présence de cette étincelle bleue qui se manifeste dans l'espace de mon environnement immédiat, parfois sur ma main. Elle émane d'elle toujours un grand amour. Chaque fois que j'ai une admiration pour la création. Elle ne dure pas longtemps mais venant assez souvent, j'ai largement pu la comparer à une étincelle grosse comme une tête d'épingle. De couleur bleu ciel autour d'un pont bleu très sombre. Il n'y a jamais eu d'échange de pensée avec elle. Plutôt comme une réaction à mes pensées. Simplement pour dire quelque chose comme : je te surveille, je suis là avec toi ! Je ne me suis pas senti offusqué d'être surveillé seconde par seconde. Cette Lumière bleue ne s'était jamais posée sur le front d'une personne entre ses deux yeux qui a duré étonnamment longtemps bien trois à quatre secondes, suffisamment pour vous faire déconnecter de la réalité. Je précise que ce fut la seule fois que j'ai vu cette Lumière sur le visage d'un homme. Qui était-il ? Un être d'une autre dimension, un extraterrestre ? Il était tellement humain que je n'ai pas osé m'investir en questions sur sa personne pour ne pas être indiscret.

Synchronicité Ayant demandé à un graphiste de me dessiner l'éclat bleu sur le front de Marilyn pour les besoins de mon premier livre, celui-ci reçoit en cadeau de sa propriétaire un poster de Marilyn. Elle n'était nullement informée du travail entrepris par ce dernier. Était-ce un signe de la regrettée Marilyn ?

8.12   NOTRE DAME DE PARIS

FRANCE, Paris, 1976 (25 ans)

Avant de quitter définitivement la capitale, par cette belle journée ensoleillée je décide de me rendre à la Cathédrale de Paris pour la visiter. Manque de pot je vois les portes fermées. Je ne me départi pas, je me signale à la porte. Un monsieur de la trentaine montre sa tête et me dit que c'est fermé. Je n'ai guère le temps de m'irriter lorsque j'entends une voix venue du haut de la porte.

— **Laisse-le entrer !**.

Je ne sais pas si le portier a entendu la voix. Mais moi si ! Je repousse d'un geste l'homme tandis que je pénètre dans la cathédrale. Peut être était-ce un prêtre en tout cas il ne s'opposa pas à ma visite et me demande d'être respectueux du rassemblement des soeurs qui sont plus en avant. J'ai des fers aux pieds, mes pas font un bruit terrible, heureusement je suis seul. Je marche lentement en comptant presque mes pas jusqu'au bout

Cathédrale de Paris - Notre Dame

de la cathédrale où je distingue l'assemblée des soeurs toutes muettes. Surpris je les regarde, elles ont toutes la tête baissée vers le sol. Je m'excuse de les avoir dérangé puis je pars, non sans avoir argumenté ma visite bien surprenante.

8.13   ENFIN UN TÉMOIN

FRANCE, Bouc-Bel-Air, 1984 (33 ans)

Sur les cinquante personnes dénombrées, je compte seulement trois personnes qui bénéficient d'une vue sélective. Pour chacune d'elles, il existe un contexte particulier d'approche du phénomène. Le plus frappant, pour moi, reste cette nuit où un groupe d'individus descend vers la clairière. Des hommes et des femmes se rassemblent. Un homme se rapproche de moi. Je l'interroge sur les raisons de sa présence. Le contact passe bien entre nous. Il m'avoue s'intéresser beaucoup aux ovnis. Lui-même avait, en son temps, donné des conférences dans son lycée. Je suis très touché de l'entendre se confier ainsi. Il faut faire quelque chose pour le récompenser. Je lui tape doucement sur l'épaule. Je lui déclare spontanément en fixant les cieux :

— **Regarde.**

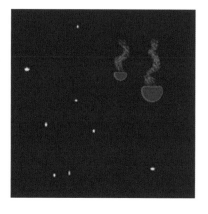

Toutes les personnes présentes baissent rapidement leur tête vers le sol. Lui seul peut lever la sienne. Nous distinguons ensemble, deux sphères rouges dans le ciel. À l'instar de feuilles d'automne, sous l'effet d'une douce brise, elles glissent vers nous en se balançant de droite à gauche.

Témoins.   Ils n'en reviennent pas d'avoir observé une apparition dimensionnelle. Bien entendu, cet événement marque leur existence. Il faut parfois que la personne vienne se présenter plusieurs fois sur le terrain avant d'avoir le privilège de voir un ovni. Ce qui ne signifie pas qu'il y aurait un quelconque retard à l'allumage, mais peut être plus de choses à acquérir avant d'être honoré des visites.

Contacts. On le sait maintenant, les contacts collectifs ne fonctionnent pas sans casser des œufs. Je fais allusion aux personnes qui se sont vues baisser la tête avant qu'une manifestation se déclenche. Le phénomène à ses préférences dans la population. Cela nécessite un échange au préalable, comme un échauffement ou une syntonisation des cerveaux. Bien entendu, ce genre de manifestations a attiré des farceurs. Une nuit une personne bien intentionnée a dessiné et découpé un extraterrestre dans le carton, et braqué un projecteur dessus. Évidemment, j'ai eu le choc en le voyant à 200 mètres. Comme il ne bougeait pas j'ai tout de suite compris le subterfuge. Fonçant à toute allure sur l'extraterrestre, je découvre bien sûr ce à quoi je m'attendais. Une jeune fille qui se met à gémir de peur raide comme un bout de bois, son copain non loin d'elle bien caché. Je leur criais qu'il n'y a rien à craindre, je me suis bien amusé. Ce genre de situation est acceptable de temps à autre.

Le plus pénible pour moi est de tomber sur des maniaques de la technologie. Ces personnes sont pires que les farceurs. Ils sont bavards de surcroît. Le phénomène ovni ou « apparition dimensionnelle » ne se fait pas prendre en photo à la commande. Je dirais que tous ceux qui y sont arrivés sont des truqueurs, des naïfs prenant des insectes, oiseaux pour des ovnis, produisant de faux documents. Les apparitions du phénomène sont diverses et très variées. On ne peut pas savoir à l'avance sous qu'elle forme, quel contexte l'événement tant attendu va se présenter.

Services secrets. Comme leur nature est de rester secrète, je ne sais pas si j'ai été suivi par des services spécialisés français. De toute manière, j'avais un ami colonel qui faisait du renseignement militaire pour l'état, je ne lui cachais rien de mes activités. Par contre, la gendarmerie et la police venaient assez souvent soit en tenue soit en civil. Après avoir rencontré le président de la République Française, le président des États-Unis et le directeur de la CIA, plusieurs généraux français, visité les ambassades des USA et de l'URSS, frappé à la porte de l'ambassade de Chine, il est à peu près certain que cela a dû laisser des traces.

8.14   LE MONDE DES SIRÈNES

FRANCE, ..., ... (...)

Le monde des sirènes existe bien. Pour préserver le lieu de ma rencontre je ne donne ni la date ni le lieu. Nous sommes quelque part en Méditerranée. Cela quelques mois que je m'entraine en piscine à résister aux efforts de la nage. Je suis parvenu à nager comme un poisson. Pouvant parcourir 5km sans souci. J'ai mis au point une méthode d'entrainement assez particulière : celle de ne pas avoir d'entraineur. J'avais déjà remarqué par le passé que ces derniers ne favorisait pas complètement l'épanouissement du nageur. Il ne s'agit pas de chercher la performance mais de donner au nageur le temps pour devenir un poisson. En fait l'entraineur est là pour contrôler le plan de route du sportif et de répondre aux interrogations que se pose le sportif sur sa nage et sur sa progression. Mais en principe ce genre de question se pose si l'on veut atteindre un haut niveau de compétition.
Petit j'ai toujours eu des difficultés pour acquérir une endurance à la nage. Mon corps est-il fait pour la nage, assurément pas fut ma conclusion. En fait je me basais sur mes mauvaises expériences en piscine avec des maîtres nageurs peu psychologues. J'ai donc décidé de pratiquer la méthode suivante :

1. Tu rentre calmement dans l'eau et tu n'en sors que pour quitter la piscine.

2. Jamais tu ne prends appuis sur le bord de la piscine pour te reposer.

3. Tu commence ton premier jour par un cinquante mètres, le lendemain tu essayes le double, et ainsi de suite.

4. Ton repos se fait dans l'eau par une nage d'une lenteur extrême. Tu laisse ton corps trouver le mode poisson qui lui convient.

Quand tu seras arrivé au point 4 tu chercheras alors d'autres limites.

J'étais donc dans cette situation en mer lorsque mes préoccupations s'orientèrent sur la respiration. C'est bien dommage que nous ne puissions pas disposer de branchies pour acquérir de l'oxygène de l'eau comme les poissons. Soudain je ressentis possible de le faire. Il me fallait ouvrir la bouche et penser la chose faisable. Au même instant j'expérimentai un sous l'eau lorsque je rencontrais une femme étrange qui ne semblai pas surprise de me voir. De fortes émotions sur l'instant en comprenant que je me trouvais en présence d'une sirène. Le haut du corps était presque humain car son visage était très émacié. Pas de chevelure et je n'ai pas distingué de seins provocants. Le bas de son corps était bien celui d'un poisson. J'essayais de parler avec elle mais comment le faire. Nous n'arrivions pas à nous comprendre tandis que je restais sous l'eau sans me poser de question sur ma respiration. Elle me fit un geste de la suivre vers les profondeurs. Ce que je ne fis pas par crainte d'une mauvaise surprise. Je lui dis au revoir et je remontais à la surface toujours avec la même capacité de respirer la bouche et le nez dans l'eau et les yeux juste au-dessus de la flottaison. Je ne m'empêcher d'avancer ainsi jusqu'aux rochers ou quelques personnes me regardaient déjà intriguées par mon cinéma.
Oui les sirènes existent ! Comment ai-je pu respirer je n'en sais rien. Peut être que les sirènes avaient mise au point un système pour que je puisse respirer et l'avais à mon insu discrètement combiné à mon corps ?

8.15   COUP DE FOURCHE FRONTAL

FRANCE, Bouc-Bel-Air, 1984 (33 ans)

Grand gris

En pleine nuit, je suis réveillé par trois extraterrestres qui descendent du plafond. Ils me regardent, ils ont le type « Grands gris ». L'un d'eux s'avance vers moi et me dit :

— **Attention cela va faire très mal.**

Il pointe vers moi une fourche à trois aiguilles. Il me l'enfonce dans le front. Effectivement, la douleur me submerge. Le lendemain, je portais la marque de trois petits trous symétriques et rectilignes. Pendant plusieurs années, j'en ai gardé les stigmates. Tout le monde pouvait voir à contre-jour, trois petits boutons avec un point noir au centre. Puis les marques se sont estompées lentement.

Bon souvenir.   J'ai cessé de croire aux extraterrestres pour me concentrer davantage sur le 665. Cette aventure n'a rien à voir avec ce nombre. Ce souvenir est encore dans ma mémoire tellement, je m'en souviens. De plus je m'amusais à regarder mon front dans la glace le matin au lever pour voir leur évolution. Malheureusement, je n'ai pas pris de photos. Je subodore que mon inconscient le souhaitait.

8.16 OUVERTURE DU CHAKRA CORONAL

FRANCE, 1998 (47 ans)

Je suis prévenu intérieurement que mon chakra coronal va s'ouvrir. Sans trouver le temps d'une explication sur ce nouveau phénomène, le haut de mon crâne s'ouvre comme une boîte de conserve. Du froid et du chaud puis, une fleur se développe au-dessus de mon crâne. Tous les pétales se retournent sur ma tête, vers le bas.

Ce centre est votre connexion spirituelle au soi éternel. Les personnes dont le chakra couronne est en santé possèdent la force et le courage d'être aussi à l'aise dans le monde terrestre que dans le monde spirituel. Elles se sont détachées de la focalisation sur elles-mêmes et ressentent de la compassion pour tous, sans compter qu'elles ne craignent pas la mort physique. Parce qu'elles ont vaincu leurs peurs, elles n'ont aucune attente conditionnelle vis-à-vis des autres. Elles sont aussi bien dans leur soi intérieur que dans leur soi extérieur. Elles possèdent une solide valeur personnelle et savent comment dépenser leur énergie avec une intention et une focalisation claires.

Elles vivent dans le champ énergétique de l'éthique et de la moralité supérieures, des attitudes et des valeurs supérieures. Elles ont donc une énergie claire et vraie, un but clair et vrai, et elles mènent une vie tout aussi claire et vraie. Il correspond au système de croyances, à la vision de spiritualité, à la sagesse, à la voie spirituelle, à la connaissance totale de soi, la pureté, la sagesse et la conscience de l'âme. Par-là, passe la connexion directe avec le Divin et les Guides. C'est le chakra des mystiques, des initiés, des saints, mais aussi des grands malades mentaux, car où le mystique nage, le schizophrène coule... C'est le chakra de la méditation, de l'accession au nirvana, de la supraconscience. La concentration sur ce chakra permet d'attirer les énergies intérieures et ambiantes à des fins spirituelles, ou pour s'intégrer au mental cosmique.

8.17 PURIFICATION PAR LES ARCHANGES

FRANCE, 11 Novembre 2011 (60 ans)

Images des trois Archanges placés sur la poitrine

Je m'allonge dans le fauteuil inclinable. Je pratique un exercice respiratoire pendant une heure. Cela consiste à faire descendre la Lumière depuis le haut, vers la tête et à sortir par les pieds et vice-versa. Je mobilise mon mental pour atteindre un but, le corps astral pour ressentir avec le cœur et du corps physique pour soutenir l'état de méditation.

> **— Seigneur, esprit guide je me mets sous ta protection. Je te reconnais. Viens me purifier, viens voir si j'ai des démons en moi, fais-les partir.**

Je place une image pour chacun des trois archanges, Raphaël, Gabriel et Michaël, sur ma poitrine. Allongés dans un fauteuil inclinable, je pose les bras sur les accoudoirs. Je laisse voguer mes pensées. Je me sens de plus en plus à l'aise. J'ai la vision, d'une main devant moi avec trois doigts tendus. Des mouvements d'énergies se produisent dans le corps. En dehors de quelques piqûres sur le visage, l'absence de résultat plus significatif me déçoit.

Le jour du contact avec les 3 Archanges

Je crois sortir de cet état. Les yeux encore fermés, je perçois alors, à hauteur de ma main droite, un fabuleux éclat de lumière blanc persistant. La vision se rapproche à hauteur de ma poitrine. Dans son lent déplacement, trois pointes argentées naissent de son centre, tournant à l'unisson. Le temps se fige, laissant planer mon inquiétude. Une lance brillante me transperce le cœur. Une énergie nouvelle m'envahit complètement. La luminosité disparaît brusquement, m'abandonnant à mon état. Apparaît alors, devant moi, une femme aux cheveux bouclés avec un visage angoissé, tenant ses deux poings à son cou. Un démon ne voulait-il pas affirmer son désaccord ?

Personne ou animal disparu. C'est ici que vous pouvez demandez de l'aide pour trouver une personne disparue. Placez la photo et le nom de cette dernière sur votre thorax, en-dessus ou au-dessous selon votre préférence.

8.18   TÉLÉVISION MALSAINE

FRANCE, Toulon, 2011 (60 ans)

Pour 2012, la télévision est à la recherche de sujet sur le vif. J'avais déjà été contacté par une chaîne dont j'ai refusé la prestation en raison du peu de sérieux de ses animateurs. Pour cette émission, j'ai accepté, car il n'y aurait que moi dans le reportage. Je passerais donc dans l'émission « Envoyé Spécial ».

 Rendez-vous pris à Toulon, de là, nous montons au mont Faron. Le tournage dure quatre heures. Évidemment, comme il fallait s'en douter, beaucoup de falsifications volontaires ont été effectuées, telle que mauvaise orthographe du nom et trop de liberté dans les faits réels. Je suis passé à la « télé » comme on dit. Je confesse humblement, ici, mon péché d'orgueil. Par contre, je n'ai pas apprécié leur volonté de rabaisser ce qu'ils ne comprennent pas. La suffisance des présentatrices se dégageait ostensiblement dans le reportage. Pour eux, peu importe qu'il faille traîner le sujet dans la boue, seule leur propre gloire éphémère prend grâce à leurs yeux. Leur seule préoccupation est de diffuser leur propre message insipide relevant de la pensée unique, non d'être à l'écoute et de permettre l'expression de l'interviewé. Quant à la vidéo que j'ai réalisé en réponse, elle a bénéficié d'une audience inespérée.

Médiocrité des médias   Les médias ne donnent pas les bonnes informations. On peut affirmer qu'ils sont rapidement devenus avec le progrès un outil de propagande politique, soumis par des clans familiaux occultes criminels. Les journalistes ont perdu depuis longtemps ce titre honorifique pour le troquer contre celui de narrateur désinformateur soudoyé. Plus grave encore pour que l'information soit retenue il faut qu'elle passe à la moulinette du maquillage émotionnel. Un tour de passe-passe pour donner du poids à l'événement et ainsi couper net toute contestation. Il est de bon ton de rigoler sur tout ce qui n'est pas reconnu par la masse inconsciente. C'est ainsi que l'on tourne avec politique, sport, accident, guerre, les arts quand on a plus rien à manger.

Le point commun des nouvelles est l'émotion. C'est bien le seul vecteur qui passe dans les médias. Donner de l'émotion toujours plus quitte à falsifier l'information pour arriver à un but dissimulé. Dont, le point d'orgue est de salir les personnes que ce soit justifié ou non. J'ai donc tenté de m'approcher de ce petit monde pour rapidement ne plus insister car beaucoup trop médiocre.

8.19   UNE FEMME DANS MA CHAMBRE

FRANCE, 2015 (64 ans)

Cette activité de contact, qui n'aboutit à rien publiquement, me fatigue. J'ai envie d'arrêter. Le 6 juin 2015, rien ne s'est produit. J'ai atteint le bout du rouleau. Continuer d'aller de l'avant ainsi me mène nulle part. Je commence à en être convaincu. En pleine nuit, je vois de mes vrais yeux physiques, une femme apparaître dans ma chambre. Elle est vêtue comme une religieuse, avec un voile sombre très moulant sur sa tête. Elle s'avance sur le côté gauche de mon lit et me regarde tendrement, puis elle disparaît sur place, en s'évanouissant dans le mur à la tête de mon lit.

8.20 ASTRAL DANS LE PHYSIQUE

FRANCE, 2015 (64 ans)

Je suis réveillé la nuit. Je vois au pied de mon lit, à droite, une personne tend la main au-dessus de moi dans ma direction. Je suis effrayé. Je tiens le coup. Il ou elle ? Je ne parviens pas à définir le genre, d'une robe blanchâtre, avec une ceinture rouge. Puis cette apparition s'avance vers moi tandis que ces vêtements deviennent des haillons. Elle fait le tour du lit, me contemple. Elle s'assied sur le bord gauche de la couche. À moitié nue, elle serre ses bras contre sa poitrine. Je garde toute ma raison. Je ne me laisse pas emporter par l'étrange posture. Pour vérifier que je ne rêve pas et que je peux contrôler la situation, je passe ma main dans son corps. Cette dernière la traverse de part en part. Elle ne semble pas étonnée. Puis, elle disparaît en plongeant en direction du mur à la tête de mon lit qu'elle traverse.

LA VÉRITÉ SUR THÉOPOLIS

Extrait de la vidéo : Théopolis - La cité oubliée - Jimmy Guieu.

Alain Lekern

D'abord, il faut se déplacer en Provence. Je crois qu'il faut véritablement rencontrer les lieux, rencontrer l'organisation, l'architecture des lieux, la nature. Pour se rendre compte d'abord que c'est une terre de passage. Une terre de passage, une terre vivante, mais tous ceux qui sont passés là, étaient dépositaires de secrets, dépositaires de traditions.

Et le site de Théopolis ! Il faut imaginer en quelque sorte, comme une sorte de cirque, de circonvolution. Entouré effectivement de montagnes, mais pas tout à fait ouvert et pas tout à fait fermé. Il faut aller véritablement sur place. Autrement dit, un lieu idéal pour cacher quelque chose. Pour en faire une place forte, ou mieux encore, pour se retirer.

Le trésor de Jérusalem, de Delphes! Alors?
C'est une référence historique, car à l'époque
de Dardanus, Dardanus était l'ami d'Atolf frère
d'Alaric roi des Wisigoths. Atolf a terminé le
sac, le pillage de Rome et effectivement en se
rendant vers Redhae, Rennes le Chateau, n'a
pas manqué de passer vers cette place forte,
vers cette place protégée, vers ce site secret
qui était évidemment « Théopolis ». Alors les
deux hommes ont effectivement échangé des
informations. Et ce trésor donc relie directement
cette place forte, cette particularité du site
actif du Dromon avec Rennes le Chateau qui
est, il faut le dire, est actuellement un site
actif, mais dont le sens, n'est à mon sens, et
je n'engage que moi bien sûr, pas toujours
positif à l'heure actuelle. Il y a là des forces qui
là sont en jeu et qui peuvent parfois induire
des petits problèmes chez les êtres qui le sentent.

Alors, ce trésor de Nibelugen? Ce trésor
de... disons de Jérusalem va effectivement dans
l'esprit de ceux qui nous écoutent, nous faire
penser à l'or, aux rubis, à l'argent. C'est-à-dire
à tout ce qui est : ce que l'on a bien voulu nous
dire des trésors. Parce que le monde dans lequel
nous vivons dès qu'il y a trésor, c'est effectivement trésor matériel. Mais le trésor, le véritable
enjeu, la véritable signification d'une notion de
trésor c'est ce que nous sommes vraiment. C'est
le trésor que nous avons perdu lorsque l'on a
été en confrontation avec le premier gardien du
seuil, l'ange de la porte du paradis, une fois que
Adam et Ève ont été mis dehors. Qu'est-ce qui

s'est passé ? Dieu a dit : voilà qu'ils ont gouté l'arbre de la science du bien et du mal, pourvu que maintenant ils ne prennent pas du fruit de l'arbre de la vie éternelle, car ils deviendraient comme l'un d'entre nous ! Et ce trésor ? C'est celui-là, c'est cet arbre, c'est le rêve prométhéen de l'homme. C'est ce qui effectivement peut nous reconnecter à notre source divine et évidemment faire de nous des êtres semblables aux dieux qui sont venus, il y a fort longtemps. Selon les données du néo-ésotérisme , nous faire évoluer.

« Gîte secret du lion ». Effectivement ça peut interpeler. Il y a une référence d'abord bibliographique qu'il faut absolument citer c'est le bouquin déjà assez ancien de George Hunt Williamson, qui s'appelle « Les gîtes secrets du lion » en référence au psaume 17 de la Bible, verset 12. Les gîtes secrets du lion, le lion pourquoi ? Le lion dans la symbolique, c'est la référence à la force de la vérité divine. Les gites secrets du lion sont donc des lieux où se développe, où se cache la vérité divine c'est-a-dire un message. Mais le lion, souvenons-nous que chez les anciens, ils représentaient le lion par une crinière. Cette crinière fait référence au moment où le lion était le signe qui recevait le solstice d'été. Alors maintenant par la précession des équinoxes, ce n'est plus le cas. Ce qui donne si l'on avait à corriger le temps moins de vingt six mille ans. Nous sommes là déjà, dans ce que l'on pourrait appeler une tradition antérieure où les éléments qui ont, au niveau de la tradition été donnés aux hommes dans leur évolution. De ce fait, le lion va représenter quelque chose qui a été caché et qui concerne l'origine de l'homme. Qui concerne aussi son devenir, son développement, mais aussi tout ce qui a été contenu dans le rapport établi entre les dieux et les hommes. Qu'est-ce qu'ont pu être ces dieux ? Et quels furent les hommes qui ont reçu ces messages ? On ne va pas reparler des grands initiés, mais toujours est-il que la tradition pour faire référence à René Guénon est d'origine non humaine. Alors Guénon voulait-il dire par là, extra-humaine, extraterrestre, ou voulait-il dire d'un autre niveau de conscience ?

Théopolis est pour moi un lieu symbole, et l'on pourrait dire un gîte secret du lion dans lequel a été caché quelque chose qui serait une reconnexion avec le reste même de la création.

L'homme n'est pas né sur terre. La dimension dans laquelle nous sommes n'est pas l'unique dimension. L'infini va dans toutes les directions des temps et de l'espace. Et effectivement, il y a des portes induites, il y a des passages. Et, il y a effectivement une science, un ensemble de connaissances, une attitude de l'esprit, une conscience qui parle de cela et qui nous a été malheureusement voilée. Et donc, effectivement les différents sites qui vont se révéler vont mettre en évidence, je dirais la vérité. C'est cette force de la vérité divine du lion.

Donc, il y a eu un certain moment la nécessité de cacher et pourquoi ? Parce que effectivement dans l'histoire des hommes, et ce n'est pas une histoire que l'on va retrouver dans l'intérieur de nos manuels. Il y a en quelque sorte les « bons et les mauvais ». Il y a ceux qui vont être les fils de la Lumière et, il y a ceux qui ont intérêt à toujours voiler cette Lumière. L'origine divine de l'homme, son évolution. Le rapport que nous avons de toute éternité avec tout le reste de la création. C'est-à-dire le reste de la galaxie dans laquelle nous sommes avec les autres mondes. Avec les autres mondes physiques, mais aussi avec les autres mondes parallèles.

Thépolis est une porte entre, je dirais des mondes.

Alain Lekern.

Si tu souhaites en savoir davantage je te conseille mon premier livre « Fils de Lucifer et Enfant de Satan ».

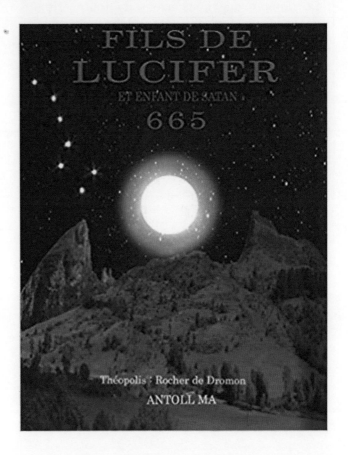

514 pages grand format avec photos et dessins

sur Amazon

Le monde est entré en 2020 dans une période de grandes difficultés à surmonter. De multiples crises s'enchevêtrent les unes dans les autres.

Les hommes arriveront-ils à sortir de cette catastrophe? Assurément oui pour les plus aisés d'entre eux.

L'humanité changera-t-elle son mode de pensée? Pas du tout!

Quel que soit l'état à venir de la condition humaine, l'arrivée d'extraterrestres est prévue pour l'année 2022.

Des rencontres préparatoires ont déjà débuté dans le secret en 1975. Tout est dévoilé ici et entièrement validé par le sceau du 666.

Le messie tant attendu est-il parmi nous?

Que va-t-il se passer? Une seule réponse.

SOYONS PRÊTS !

★★★ ARRIVÉE CONFIRMÉE ★★★

CONTACT HUMANOÏDE REUSSI

LE VENDREDI 13 AOÛT 2021

ILS SONT LÀ

2022

La rencontre extraterrestre est pour deux mille vingt deux

ANTOLLMA

EDITION COULEUR

Édition couleur

2022 LA RENCONTRE EXTRATERRESTRE EST POUR DEUX MILLE VINGT DEUX

Antoll MA 1975

www.antollma.org
www.youtube.com/user/AntollMA

Table des matières

Printed in Great Britain
by Amazon